Lust auf
FISCH

Sonja Koch

Lust auf FISCH

Mit über 50 Rezepten,
exklusiv fotografiert
von
Hans Joachim Döbbelin

SIGLOCH EDITION

Inhalt

Alles Leben kommt aus dem Wasser

Die Erde ist ein Wasserplanet. Über 70 Prozent ihrer Oberfläche werden zur Zeit von tiefen Ozeanen ungeheuren Ausmaßes mit flacheren Randmeeren eingenommen. Darin leben die größten Tiere, die es je auf der Welt gab, die Wale, es bevölkern um die 25 000 Arten Fische, viele Schalentiere, Weichtiere und Kleinstlebewesen die riesigen Lebensräume. Manche Fische sind uralt in ihrer Entwicklungsgeschichte, um die 350 bis 400 Millionen Jahre. Und der Stammbaum des Tierreichs zeigt deutlich, daß alle anderen Wirbeltiere – Amphibien, Reptilien, Vögel, Säuger, also auch Wale und wir Menschen – ihre Wurzeln bei den Fischen zu suchen haben.
Die meisten Fische sind im flacheren Meerwasser bis 200 Meter Tiefe und vor den Flußmündungen zu finden. Nord- und Ostsee zählen dazu. Wo nährstoffreiches, kaltes Tiefenwasser aufsteigt, wie vor der Westküste Südamerikas und vor Südwestafrika, und wo sich Meeresströmungen mischen wie vor Neufundland, gibt es ebenfalls große Fischschwärme.
Im Süßwasser der Kontinente leben immerhin etwa 5000 Arten Fisch, frei und ungebunden. Übrigens beträgt das Verhältnis Salz- zu Süßwasser auf der Erde ungefähr 98 zu 2.
Etliche Fischarten können sich auf unterschiedlichen Salzgehalt einstellen: So schwimmen manche im Brackwasser ebenso wie in großen Süßwasserseen. Oder denken Sie an die Wanderungen der Aale, die von den europäischen Flüssen und Küsten Tausende Kilometer nach Westen ziehen, um sich vor der Ostküste Nordamerikas zu paaren. Ihre Nachkommen, vom Golfstrom erneut gen Europa getrieben, finden mit phänomenaler Sicherheit die angestammten Flüsse der Mütter wieder. Andere Wanderfische wie die Lachse gehen nach Jahren im Meer zum Laichen den umgekehrten Weg, die Flüsse aufwärts, Generation nach Generation immer in dieselben Gewässer.

Fischfang und -zucht seit Jahrtausenden

Aus Flüssen, Bächen und Seen und an günstigen Meeresküsten fangen Menschen seit Jahrtausenden Fisch. Bereits in der Altsteinzeit taten sie dies mit Speeren und Harpunen. Ausgefeilter waren dann die Reusen – die ältesten erhaltenen geflochtenen Weidenkörbe sind 8000 bis 9000 Jahre alt und bei 90 Zentimetern Durchmesser rund 4 Meter lang. Die erforderlichen Techniken haben sich im Prinzip bis heute nur wenig verändert. Anderes Fanggerät wie Angelhaken mit Widerhaken kennt man aus Europa seit der Bronzezeit, etwa 1900 v. Chr. Auch im alten Ägypten angelten die Fischer mit Leine und Haken, es wurden zudem wie bei den Griechen Netze und auch Reusen verwendet. Thunfische und Schwertfische erlegten griechische und römische Fischer mit dem Dreizack.
Fisch frisch zu verspeisen, war lange Zeit ein Vorrecht der Küstenbewohner oder der Menschen, die von Fischern im Binnenland schnell beliefert wurden. Was weiter in den Handel fern der Küste gelangte, bedurfte der Konservierung für die tage- oder wochenlangen Reisen: Trocknen an der Luft und Salzen

Fischfang im kleinen Maßstab bedeutet nach wie vor Handarbeit, Körpereinsatz, Geschicklichkeit. Am Handwerkszeug – hier wirft ein indischer Fischer sein Netz aus – werden im wesentlichen immer nur Details, manchmal auch Materialien geändert.

der ausgenommenen Fische kennt man schon lang. Beide Techniken sind bis heute vor allem in Norwegen, Portugal und Spanien weit verbreitet, diese Länder liefern den bekannten Stock- und Klippfisch. An den Küsten der Nord- und Ostsee gefangene Heringe wurden in den Hansestädten in Salzfässer gepackt und fanden weit im Landesinneren auf den Märkten entlang den Handelsstraßen ihre Käufer. Auch Räuchern ist altbewährt, um Fisch für einige Wochen haltbar zu machen.

Etwa 90 Prozent des gesamten Fischertrags – das sind aber nur etwa 2 Prozent Beitrag zur Welternährung – kommen heute aus den oben genannten Meeresgebieten. Die natürlichen Gegebenheiten, die ungleiche Länge der einzelnen Küsten sowie die unterschiedlich entwickelte Fischereitechnik bedingen, daß manche Länder reiche Fänge an Seefisch anlanden, andere hingegen für ihren eigenen Bedarf viel Fisch importieren müssen.

Die Meere ließen prinzipiell noch eine Steigerung des Fischfangs zu. Das würde aber manche Arten in ihrem Bestand gefährden, so wie es für den Hering im Atlantik bereits der Fall war. Genau darin liegt ein wichtiger Grund für die in internationalen Abkommen vereinbarten Fangquoten: Werden zu viele fortpflanzungsfähige Tiere aus einem Schwarm auf einmal weggefangen, dann kann er sich nicht mehr erholen und geht zugrunde.

Auch deshalb wird der Fischzucht beispielsweise von Karpfen, Forellen, Buntbarschen, Aalen oder Welsen künftig noch mehr Bedeutung zukommen als bisher. Über Karpfenzucht in China gibt es Berichte aus dem 5. Jahrhundert v. Chr. Süß- und Seewasserfische in eigens angelegten Teichen zu züchten, war im

römischen Reich vom 2. Jahrhundert nach Chr. an ein einträgliches Geschäft. Und rund um die mittelalterlichen Klöster vor allem in Frankreich und Deutschland gab es oft Dutzende Fischteiche, woraus natürlich mehr als der Eigenbedarf der Mönche gedeckt wurde.

Das marine Gegenstück zu den Fischfarmen im Binnenland sind die modernen Lachszuchtanstalten zum Beispiel an den Küsten Norwegens. Dort wird das Fleisch der Tiere vergleichsweise fett, im bewegteren Wasser vor der Westküste Irlands dagegen nahezu so mager wie bei wandernden Wildlachsen.

Gesund und frisch auf den Tisch

Fisch gelangt oft aus Fanggebieten fernab der Küsten in den Handel: innerhalb weniger Tage entweder frisch auf Eis oder gleich auf hoher See in entsprechend ausgestatteten Schiffen weiterverarbeitet und tiefgefroren. Wird die Kühlkette lückenlos eingehalten, dann finden Sie frischen Fisch auch in der Kühltheke des Fischhändlers mit folgenden Merkmalen wieder: glänzende, natürlich gefärbte Haut ohne Verletzungen und Druckstellen, angenehmer (eben nicht tranig-muffiger) Geruch, pralle, glänzende Augen (bei altem Fisch milchigtrübe), leuchtendrote (nicht verklebte oder fleckige) Kiemen.

Alle Fische besitzen hochwertiges Eiweiß und sind reich an mehrfach ungesättigten Fettsäuren. Die aus dem Meer weisen zusätzlich wichtige Mineralstoffe auf, die man sonst nicht so leicht zu sich nimmt. Recht unterschiedlich ist der Fettgehalt der Fische, genauer ihres Filets, und es gibt zudem jahreszeitliche und durch das Lebensalter bedingte, teils erhebliche Schwankungen. Zu den Magerfischen mit bis zu 1,5 % Fett gehören zum Beispiel Kabeljau (Dorsch), Schellfisch, Seelachs (Köhler) und Scholle. Mittelfette Fische weisen in der Regel auch nicht mehr als 10 % Fett auf, so Schwarzer Heilbutt, Hering, Makrele, Lachs, Weißer Thunfisch, Sardine, Sprotte und Makrele. Unter den fetten Fischen ist der bekannteste der Aal, er ist deshalb auch nicht so leicht verdaulich wie alle anderen, eignet sich aber hervorragend zum Räuchern. Sogar viele Vitamine stecken in frischem Fisch: Ein Hering direkt nach dem Fang liefert mehr Vitamin A, B1, B2, B6, D und E als eine Banane, die ihn nur beim Vitamin C übertrifft. Zwei- bis dreimal die Woche Fisch auf dem Teller – richtig zubereitet –, soll nach übereinstimmenden Studien auch die Herzinfarktgefahr deutlich absenken. Kurz ein paar Anhaltspunkte, was „richtig" heißen kann: Sehr schonend wird zarter Fisch durch *Pochieren* in einem dezent würzigen Sud zubereitet, denn er siedet gar nicht. Beim *Blaukochen* erreicht die Garflüssigkeit auch nicht den Siedepunkt; nur so wird die charakteristische, zunächst glasklare Schleimschicht einer Forelle, eines Karpfens, eines Wels' blau. *Dämpfen* bei Temperaturen um 100 Grad von Fischfilets oder kleineren Portionsfischen dauert oft unter 10 Minuten. Ebenfalls nicht zu heiß wird das zarte Fischeiweiß beim *Dünsten* mit wenig

Wir sehen nicht, wieviel Fisch der Mann im blauen Boot links schon aus dem Meer vor der Küste Kretas geholt hat. Wenn wir von dem reichen Angebot auf dem Athener Fischmarkt oben ausgehen, dann dürfen wir vielleicht einen bekannten Zungenbrecher so abwandeln: „Viele Fischer fangen viele frische Fische."

Flüssigkeit und Fett, und der feine Geschmack verstärkt sich noch: ideale Zubereitung für kleinere Plattfische oder mehrere kleine Rundfische, die als ganze in die Pfanne passen, aber auch für viele Fischfilets. Das *Schmoren* nach kurzem Anbraten in der Pfanne vertragen größere ganze Fische oder Fischstücke; sind sie kleiner, sollte ihr Fleisch in jedem Fall fest sein. Sehr schön gelingen größere Fische im Backofen, vor allem wenn sie in einer Hülle garen: aus Brösel und reichlich Butter, aus Teig, aus Polenta. Oder Sie packen einen ganzen Fisch mit Kräutern und Gemüse in einer Bratfolie in den Ofen. Beim *Braten* in der Pfanne gerinnt bei anfänglich hohen Temperaturen das empfindliche Eiweiß der äußeren Schichten schnell, und das Innere der Fische ist dann in wenigen Minuten gar. Hier ist jede weitere Minute dem Ergebnis abträglich. Eine gute kombinierte Methode ist auch Anbraten in der Pfanne und Fertiggaren im Backofen. *Grillen* als sicher älteste Art der Zubereitung von Fisch ist auf dem Rost überm Holz(kohle)feuer besonders stimmungsvoll. Ein Fischkorb verhindert schwarze Streifen auf der Fischhaut und Aluminiumfolie, daß Fett ins Feuer tropft. Moderne Backöfen mit Grill, wo die Strahlungshitze von oben kommt, schonen den Fisch ebenso und vermeiden die eben genannten Nachteile.

Ob Sie ihn nun selbst angeln oder Ihren Fisch im Fachgeschäft frisch kaufen, Sie werden unter den vielen leckeren Rezepten hier sicherlich das passende für jeden Anlaß finden. Wir wünschen guten Appetit!

Fischtopf

1,25 kg Fisch (Maränen oder Strömlinge)
Saft von ½ Zitrone
Salz
1 Zwiebel
1 Stange Lauch (Porree)
1 Karotte
1 kleines Stück Knollensellerie
je einige Stengel Petersilie, Dill und Schnittlauch
6 Pimentkörner
1 Lorbeerblatt
50 g Butter
½ Liter Wasser

Die Fische ausnehmen und waschen. Strömlinge ganz lassen, Maränen in Stücke teilen. Die Fische mit Zitronensaft beträufeln und salzen. Die Zwiebel schälen und hacken. Lauch, Karotte und Sellerie putzen, waschen und wie die gewaschenen Kräuter kleinschneiden. Die Gemüse mit den Fischen, den Gewürzen und der Butter in das kochende Wasser geben. Den Fischtopf im Ofen bei 150 bis 160 °C (Gas Stufe 2) etwa 1 Stunde garen lassen.

Dazu paßt sehr gut kerniges Roggenbrot, das in die Fischbrühe getunkt wird. In einer üppigeren Variante wird das Wasser zur Hälfte durch süße Sahne ersetzt.

Der kurze, aber intensive finnische Sommer hält einen reichgedeckten Tisch für die Einheimischen und auch für fremde Reisende bereit. Und es gibt immer wieder Jahre, in denen die nordischen Sommer die in Mitteleuropa weit übertreffen. Wochenlange Schönwetterperioden entschädigen dann die Menschen für die Monate, deren „Tage“ aus nicht viel mehr als Dämmerung und Dunkelheit bestehen.

Viele leben in jener hellen Zeit unmittelbar von dem, was die Natur freigiebig hervorbringt. Tradition hat, in einem der weit mehr als „tausend Seen“ Fisch selbst zu fangen und zu einem einfachen, nahrhaften Fischtopf zu verarbeiten, der finnisch *Kalapata* heißt. Und wer es kann, backt sich aus kernigem Roggenmehl gleich ein Brot dazu.

Fischsuppe mit Tomaten und Gemüse

200 g Goldbarschfilet
200 g Lachsfilet
100 g küchenfertige Krabben (Garnelen)
Saft von ½ Zitrone
weißer Pfeffer
1 Zwiebel
1 Knoblauchzehe
200 g Spinat
2 Karotten
2 Stangen Lauch (Porree)
2 EL Öl
1 Dose gehackte Tomaten (Füllmenge 400 g)
1 Glas Fischfond (400 ml)
200 g Crème fraîche
Salz
1–2 EL gehackte frische oder gemischte tiefgefrorene Kräuter

Fischfilets in Stücke schneiden. Mit den Krabben in eine Schüssel geben. Mit Zitronensaft und Pfeffer würzen und zugedeckt ziehen lassen, bis die Suppe vorbereitet ist.
Zwiebel und Knoblauch schälen und fein hacken. Spinat waschen und abtropfen lassen. Karotten schälen und in Scheiben schneiden. Lauch putzen, waschen und mit allen saftigen grünen Blättern in dünne Ringe schneiden.
Öl in einem großen Topf erhitzen. Zwiebel und Knoblauch darin bei schwacher Hitze glasig braten. Karotten und Lauch zugeben und einige Sekunden mitschmoren. Tomaten, Fischfond und Crème fraîche zugeben, aufkochen und zugedeckt bei schwacher Hitze etwa 2 Minuten kochen lassen.
Fischstücke, Krabben und Spinat zugeben, mit Salz würzen und zugedeckt knapp unter dem Siedepunkt etwa 3 Minuten ziehen lassen, bis der Fisch gerade eben gar ist.
Mit Salz und Pfeffer abschmecken, auf heißen Tellern verteilen und mit Kräutern bestreut servieren. Dazu paßt Weißbrot.

Fischsuppe entstammt der Armenküche – kaum zu glauben angesichts der berühmten *Bouillabaisse* aus Marseille oder der würzigen provenzalischen *Bourride*. Unsere Suppe hier ist schneller und preiswerter zubereitet als jene aufwendigeren „Cousinen". Doch sie kommt keineswegs ärmlich daher und ist bunt wie die ersten Farben des Frühlings.

Marseiller Bouillabaisse

Für 6–7 Portionen *Bouillabaisse de Marseille*:

2 Zwiebeln, 1 Stange Lauch (Porree)
2 kleine Tomaten
150 ml Olivenöl
4 Knoblauchzehen
2 Lorbeerblätter, ½ TL Fenchelsamen
1 Stück unbehandelte Orangenschale
je 1 Zweig Thymian und Bohnenkraut
2 kleine, entkernte, scharfe rote Pfefferschoten
Salz, Pfeffer
3 kg Mittelmeerfische
1 Prise Safranfäden
6–7 dünne Scheiben Baguette (Stangenweißbrot)

Die geschälten Zwiebeln in feine Streifen, den geputzten, gewaschenen Lauch in feine Rädchen, die gewaschenen Tomaten in Viertel schneiden. Das Olivenöl erhitzen, Zwiebeln, Tomaten und Lauch darin leicht Farbe annehmen lassen. Knoblauch schälen, mit dem Messer zerdrücken, mit Lorbeerblättern, Fenchelsamen, Orangenschale, Thymian, Bohnenkraut und Pfefferschoten zufügen. Alles gut mischen, kurz weiterdünsten, dann mit Salz und Pfeffer abschmecken und abkühlen lassen. Alle Fische ausnehmen und gut waschen. Die Köpfe abschneiden und spalten, so geben sie der Bouillon mehr Aroma ab. Die Flossen abschneiden und je nach Größe die Fische in Scheiben oder in Stücke teilen. Fische in die erkaltete Marinade geben, alles gut mischen, etwa 4 bis 5 Stunden ziehen lassen.

Die Fische mit der Marinade in einen Topf geben, mit kaltem Wasser bis etwa 2 cm unterhalb der Fische auffüllen. Bei großer Hitze aufkochen lassen und 6 bis 8 Minuten sprudelnd kochen, dann die Hitze reduzieren. Den Safran beifügen und 8 bis 10 Minuten weitergaren. Inzwischen die Rouille (siehe unten) zubereiten und die Brotscheiben toasten.

Die Fische mit dem Schaumlöffel sorgfältig aus der Suppe nehmen und auf einer vorgewärmten Platte anrichten. Die Suppe passieren und, wenn nötig, nachwürzen. Die Brotscheiben nach Belieben in Suppenteller legen und die heiße Bouillon daraufgießen. Die Fische werden gleichzeitig mit der Suppe gegessen. Die Rouille in die Suppe geben oder separat dazu servieren.

Für die Rouille:

2 kleine, entkernte, scharfe rote Pfefferschoten
Salz, 1 Prise Safran
4 Knoblauchzehen
40 g Brot ohne Kruste
2–3 EL Fischbouillon
1 Eigelb, 100 ml Olivenöl

Pfefferschoten in kleine Stücke schneiden, mit Salz, Safran und dem geschälten, kleingeschnittenen Knoblauch im Mörser zu einer Paste verreiben. Brot zerkleinern und mit heißer Fischbrühe begießen, ausdrücken und mit dem Stößel unter die Paste arbeiten. Eigelb zufügen und das Öl unter ständigem Rühren nach und nach zugießen. Wenn nötig, mit wenig warmem Sud verdünnen.

1992

Fischsuppe mit Aïoli

1 kg Seeteufel vom Schwanzstück
Für den Sud: ½ Stange Lauch (Porree)
4–5 Pfefferkörner, 500 g Seezungengräten
¼ Liter Weißwein
wenig Fenchelkraut oder einige Fenchelkörner
1 Lorbeerblatt
Für die Suppe: 1 Karotte
½ Stange Lauch, 500 g Kartoffeln
2 Tomaten, 1 Zwiebel
3 EL Olivenöl, Salz
1 Knoblauchzehe
4 Scheiben Baguette (Stangenweißbrot)
Pfeffer, 1 Prise Thymian
1 Stück Orangenschale, 1 Prise Safranfäden
1 EL trockener Wermut (etwa Noilly Prat)
4–6 EL Aïoli

Fischfleisch von der Gräte schneiden, Gräte für den Sud aufheben.
Für den Sud: Lauch putzen, waschen, grob zerschneiden. Die Pfefferkörner zerdrücken. Alle Zutaten mit ½ Liter Wasser 10 Minuten kochen, dann passieren. Sud auf die Hälfte einkochen.
Für die Suppe: Geputzte, gewaschene Karotte und Lauch in feine Streifen schneiden, beiseite stellen. Kartoffeln schälen und in 2 mm dicke Scheiben schneiden. Tomaten überbrühen, schälen, entkernen und würfeln. Zwiebel schälen, hacken und in 1 Eßlöffel Olivenöl kurz braten. Kartoffeln zufügen, mit Fischsud bedecken, leicht salzen und zugedeckt bei mittlerer Hitze garen. Knoblauch schälen, fein zerkleinern oder durchpressen. Brotscheiben in 1 Eßlöffel Olivenöl oder unter dem Grill rösten, mit Knoblauch bestreuen. 1 Eßlöffel Olivenöl erhitzen, Karotten- und Lauchstreifen 2 bis 3 Minuten dünsten. Tomatenwürfel zufügen, Fischstücke darauflegen, Pfeffer, wenig Salz, Thymian, Orangenschale und Safran beigeben. Bei kleiner Hitze 6 bis 7 Minuten halb zugedeckt garen.
Fischstücke und Gemüse herausnehmen und warm stellen. Gemüsesaft mit Wermut etwas einkochen. Kartoffel-Zwiebel-Mischung dazugeben, Topf von der Platte nehmen und Aïoli in die Brühe rühren. Erwärmen, nicht kochen. Kartoffeln in Suppenteller verteilen, Fischstücke mit etwas Gemüse darauflegen. Mit Sauce begießen und mit den Brotcroûtons garnieren.

Aïoli für 4 bis 6 Personen:
1 Ei, 4 Knoblauchzehen, Salz
2 Eigelb, ⅛ Liter kaltgepreßtes Olivenöl
weißer Pfeffer, Saft von 1 Zitrone

Das Ei rechtzeitig hart kochen und schälen, wie Eigelb und Öl auf Küchentemperatur bringen. Knoblauch schälen, Keime entfernen, Zehen im Mörser mit wenig Salz zerstoßen. Das hartgekochte Ei halbieren, Eigelb zum Knoblauch geben, gut zerdrücken, mit Knoblauch mischen. Die anderen Eigelbe nach und nach unterrühren. Ungefähr 3 Eßlöffel Olivenöl tropfenweise unter Rühren – immer in die gleiche Richtung – zufügen. Etwas Zitronensaft beigeben. Restliches Öl langsam dazurühren. Mit Salz, Pfeffer und Zitronensaft abschmecken. – Wird die Aïoli ohne hartgekochtes Eigelb zubereitet, eine frischgekochte Kartoffel mit dem Knoblauch verreiben.

Gebackene Sardellen
Gefüllte Sardinen

Für die gebackenen Sardellen (Foto):
500 g Sardellen
2 Eier
2 EL Mehl
Salz, Pfeffer
Öl zum Ausbacken
Zum Garnieren:
2 unbehandelte Zitronen und Petersilie
nach Belieben

Sardellen reinigen, von den Innereien befreien, gut waschen und auf Küchenpapier abtropfen lassen. Die Eier verquirlen, das Mehl glatt einrühren, nach Geschmack salzen und pfeffern. In einem Topf Öl erhitzen, die Sardellen durch die Eimasse ziehen und im heißen Öl etwa 4 Minuten backen.
Zitronen waschen, abtrocknen, in Scheiben schneiden. Petersilie waschen, trockenschwenken und in Zweige teilen. Die Fische damit garnieren und Weißbrot, ein Schälchen Oliven und – wer's mag – ein Gläschen kräftigen Rotwein dazu servieren.

Manche meinen, der griechische Philosoph und Mathematiker Pythagoras habe dieses Gericht erfunden. Ob dies nun stimmt oder nicht, vielleicht kennen wir noch seinen grundlegenden Lehrsatz der Geometrie:
$a^2 + b^2 = c^2$. Wer kann's noch aufzeichnen?
Viel eher ist wohl eine Fischersfrau mit wenig Zeit, viel Phantasie und überraschenden Gästen darauf gekommen, die Sardellen zu backen.

Für die gefüllten Sardinen:
16 große, frische, vom Fischhändler
geschuppte und ausgenommene Sardinen
Salz, schwarzer Pfeffer
2 mittelgroße Zwiebeln
2 kleine Knoblauchzehen
2 EL Olivenöl, 100 g Paniermehl
1 Bund glatte Petersilie, 1 Ei
Mehl zum Wenden, Öl zum Ausbraten
¼ Liter trockener Weißwein

Die Fische innen und außen unter kaltem Wasser abspülen und mit Küchenpapier abtrocknen, auseinanderklappen und vorsichtig Kopf und Rückengräte entfernen: Die Sardinen dürfen dabei nicht zerteilt werden. Die Fische innen und außen mit etwas Salz und Pfeffer einreiben.
Zwiebeln und Knoblauch schälen, fein würfeln, im Öl in einer Pfanne glasig braten. Das Paniermehl untermischen und kurz mitrösten. Den Pfanneninhalt in ein Schüsselchen geben. Petersilie waschen, trockenschwenken und die Blättchen fein hacken. Diese mit Ei, etwas Salz und Pfeffer zu den Zutaten in dem Schüsselchen geben, alles gut vermischen. Mit dieser Masse die Sardinen füllen und mit Hölzchen zustecken. Die Fische leicht in Mehl wenden.
Reichlich Öl in der Pfanne erhitzen, die Sardinen rundum goldbraun braten und herausnehmen. Öl bis auf einen kleinen Rest abgießen, Wein zugeben und aufkochen. Die Fische hineinlegen und bei sanfter Hitze in der offenen Pfanne in 5 Minuten gar ziehen lassen, zwischendurch wenden.

JUŽNA DALM
nacijavino
AŠTELET

Eingelegter Matjes
Bückling mit Rührei

Eingelegter Matjes (oben)

8 Matjesfilets (etwa 300 g)
3/8 Liter Milch
2 große rote Zwiebeln
1 gehäufter TL weiße Pfefferkörner
6 Wacholderbeeren, 2 Pimentkörner
1/2 Bund frischer Dill
70 ml Sherryessig
6 EL Zucker
Butter und Schwarzbrot nach Belieben

Die Matjes aus der Packung nehmen, kurz abtropfen lassen und 10 Minuten in die Milch legen. Die Zwiebeln schälen und in Ringe schneiden. Pfefferkörner, Wacholderbeeren und Pimentkörner im Mörser grob zerdrücken. Den Dill abspülen. Die Hälfte davon in eine Frischhaltetüte legen und im Gemüsefach des Kühlschranks bis zum nächsten Tag aufheben. Die Stengel der anderen Hälfte halbieren. Die Matjes aus der Milch nehmen, mit Wasser abspülen und zwischen Küchenpapier trockentupfen. Matjes in 2 cm große Happen schneiden. Zwiebeln, Gewürze und Matjes abwechselnd in ein Glas oder in eine kleine Schüssel schichten. Essig, 150 ml Wasser und Zucker in einen kleinen Topf geben, unter Rühren aufkochen und erkalten lassen. Dill auf dem Fisch verteilen und den kalten Sud darübergießen. Das Glas oder die Schüssel zugedeckt 24 Stunden kühl, aber nicht in den Kühlschrank stellen. Die Matjesstücke mit den Zwiebeln, bestreut mit gehacktem, frischem Dill, auf gebutterten Schwarzbrotscheiben anrichten. Man kann sie auch gut zu Pellkartoffeln essen

Bückling mit Rührei

4 geräucherte Bücklingsfilets
40 g Butterschmalz
4 Eier, Salz, weißer Pfeffer
1 Bund Schnittlauch

Die Bücklingsfilets enthäuten, eventuell noch vorhandene Gräten mit einer Pinzette herauszupfen. Die Filets in Stücke teilen. In einer großen Pfanne bei guter Mittelhitze das Butterschmalz heiß werden lassen und die Fischstücke von beiden Seiten nur kurz anbraten. Die Eier mit 1/8 Liter Wasser, je 1 Prise Salz und Pfeffer gut verquirlen und über den Fisch gießen. Braten, bis die Eier stocken. Den Schnittlauch waschen, trockenschwenken und in Röllchen schneiden. Die Hälfte davon über das Rührei streuen, eine Hälfte des Rühreis über die andere klappen, noch 1 Minute in der Pfanne lassen und auf eine vorgewärmte Platte schieben. Das Gericht mit dem restlichen Schnittlauch bestreut servieren. Dazu schmecken knackige Radieschen, grüner Salat und dunkles (dänisches) Brot.

Von den Küsten der dänischen Ostseeinsel Bornholm kommen besonders gute Bücklinge. So heißt diese schnelle Mahlzeit auch *Bornholmer Omelet*.

TUBORG
LUXUS GOLD
DE LUXE

Reispäckchen
Gefüllte Tintenfischchen

Reispäckchen (oben)

¼ Liter Wasser, 120 g Langkorn-Naturreis
2 Stangen Lauch (Porree)
1 unbehandelte Limette
30 g Butter, Meersalz
2 TL Tamarinde
4–5 EL Gemüsebrühe
200 g Garnelen
8 Frühlingsrollenteigblätter
Zitronengras
Öl zum Ausbacken
Seetang nach Belieben

Das Wasser zum Kochen bringen und den Reis einstreuen. Einmal durchheben und zugedeckt ohne Umrühren in etwa 35 Minuten ausquellen lassen. Der Reis sollte noch Biß haben. Inzwischen den Lauch putzen, längs aufschneiden, waschen und quer in schmale Ringe schneiden. Die Limette waschen, gut abtrocknen, etwas Schale in Streifen schneiden, die restliche abreiben. Den Lauch in erhitzter Butter andünsten. Mit Meersalz, Tamarinde und Limettenschale gut abschmecken. Die Brühe zugeben und nur so lange garen, daß der Lauch noch knackig ist. Die Garnelen für 2 bis 3 Minuten zufügen. Vom Herd nehmen, den fertigen Reis untermischen und abkühlen lassen. Anschließend in die ausgebreiteten Frühlingsrollenteigblätter füllen. Mit Zitronengras zubinden oder durch Übereinanderschlagen schließen; dazu die Ränder mit warmem Wasser befeuchten und aneinander drücken. In heißem Öl schwimmend ausbacken. Mit Streifen von Limettenschale und Seetang garniert servieren.

Gefüllte Tintenfischchen

etwa 70 ml Wasser
40 g Langkorn-Naturreis
1 Zwiebel, 1 Knoblauchzehe
1 Stück Knollensellerie
1 Karotte, 1 EL Butter
Meersalz, weißer Pfeffer
1 EL Tomatenmark
1 Bund Petersilie
1 EL Crème fraîche
12 vorbereitete Tintenfischtuben
¼ Liter Weißwein
1–2 Tomaten

Den Reis wie nebenstehend beschrieben garen, 100 g abwiegen. Inzwischen Zwiebel und Knoblauch schälen, beide kleinschneiden oder den Knoblauch zerdrücken. Sellerie und Karotte waschen, putzen und in ganz kleine Stücke zerteilen. Alles zusammen in der erhitzten Butter einige Minuten andünsten. Meersalz, Pfeffer und Tomatenmark zufügen. Vom Herd nehmen. Die Petersilie waschen, trockenschwenken, eine Hälfte hacken und beiseite stellen. Crème fraîche zur Gemüsemischung geben, die gehackte Petersilie ebenfalls. Mit dem gekochten Reis mischen und in die Tintenfischtuben füllen. In eine Auflaufform geben, mit Weißwein begießen und mit Alufolie abdecken. Im vorgeheizten Ofen bei 220 °C (Gas Stufe 4–5) etwa 30 Minuten garen. Mit der restlichen Petersilie und Tomatenstückchen garnieren.

Öl

Gefüllte Avocados
Lachstütchen auf Toast

Zutaten für 4 gefüllte Avocados:
2 reife Avocados
Saft von 1 Zitrone
Salz, weißer Pfeffer
150 g küchenfertige, gegarte Krabben (Garnelen)
½ EL Mayonnaise
1 EL saure Sahne
½ EL Tomatenketchup
einige Spritzer Worcestershiresauce
etwas frischer Dill

Die Avocados halbieren, Kerne herauslösen, das Fruchtfleisch mit etwas Zitronensaft beträufeln, 10 Minuten stehen lassen, dann mit Salz und Pfeffer bestreuen. Die Hälfte des Fruchtfleisches mit einem Löffel herausnehmen, dabei einen Rand von etwa 1 cm stehen lassen. Fruchtfleisch würfeln, mit Krabben, Mayonnaise, saurer Sahne und Tomatenketchup verrühren. Mit Worcestershiresauce, Salz, Pfeffer und Zitronensaft abschmecken. Die Füllung auf die Avocadohälften verteilen und jeweils mit einem Dillzweig garnieren. Dazu paßt Toastbrot mit Butter.

Avocados schmecken nur, wenn sie richtig reif sind. Zur Kontrolle sollte man beim Einkauf durch Druck mit dem Daumen prüfen: Wenn das Fruchtfleisch nachgibt und eine kleine Delle zurückbleibt, sind die nahrhaften Früchte gut. Wegen ihres hohen Anteils an leicht verdaulichem Fett nennt man sie auch „Butterfrucht".

Zutaten für 8 Lachstütchen auf Toast:
180 g Räucherforellenfilet
8 Scheiben Räucherlachs
1 EL Meerrettich aus dem Glas
einige Zweige Dill
4 Scheiben Dreikorntoast
Saft von 1 Zitrone
1 unbehandelte Limone
Salz, schwarzer Pfeffer

Forellenfilet in Stücke schneiden. Lachsscheiben auf die Arbeitsfläche legen und den Meerrettich dünn daraufstreichen. Forellenfiletstücke auf dem Lachs verteilen. Dill waschen, trockenschwenken, für etwa 1 Eßlöffel fein hacken, einige Zweige beiseite legen. Gehackten Dill auf den Fisch streuen. Lachsscheiben zu Tütchen aufrollen. Toast rösten, diagonal halbieren. Auf einer Platte anrichten, Tütchen darauflegen und mit dem Zitronensaft beträufeln. Die Limone waschen, abtrocknen, in Scheibchen schneiden, diese und die Dillzweige auf die Tütchen verteilen. Mit wenig Salz und Pfeffer kurz vor dem Servieren bestreuen.
Schmeckt als kleiner Snack zu einem leichten Weißwein oder paßt gut auf eine Häppchenplatte.

Fisch-Piroggen
Räucherfisch-Pasteten

Zutaten für 10 Fisch-Piroggen (oben):

300 g Tiefkühl-Blätterteig
Mehl zum Ausrollen
Für die Füllung: 250 g Kabeljau-Filet
Saft von 1 Zitrone, Salz, Pfeffer
1 TL Pfefferkörner, 1 Lorbeerblatt
1 kleine Zwiebel
50 g Räucherspeck, 1 EL Öl
½ Bund Petersilie, 20 g Sardellenfilets
1 Essiggurke, ½ EL Tomatenmark, 1 Ei

Blätterteig auftauen lassen, auf einer bemehlten Arbeitsfläche zu Quadraten ausrollen, Kreise von 15 cm Durchmesser ausstechen.
Für die Füllung: Kabeljau abspülen, trockentupfen und mit Zitronensaft beträufeln. Mit Salz und Pfeffer würzen. ¼ Liter Wasser zusammen mit Salz und Pfefferkörnern, Lorbeerblatt und der geschälten Zwiebel zum Kochen bringen und den Fisch darin etwa 10 Minuten ziehen lassen. Herausnehmen und in kleine Stücke teilen. Räucherspeck in kleine Würfel schneiden und in dem heißen Öl knusprig anbraten. Petersilie waschen und fein hacken. Fisch mit der Petersilie, den Sardellen und der gewürfelten Gurke vermischen. Mit Salz und Pfeffer abschmecken. Teigkreise mit Tomatenmark bestreichen und auf die untere Hälfte die Fischfüllung geben. Ei trennen. Teigränder mit Eiweiß bestreichen. Teig über die Füllung klappen und die Ränder fest zusammendrücken. Restliches Eiweiß mit dem Eigelb verrühren und die Piroggen damit bestreichen. Im vorgeheizten Backofen bei 225 °C (Gas Stufe 4–5) 20 bis 25 Minuten backen. Heiß servieren.

Zutaten für 10 Räucherfisch-Pasteten:

300 g Tiefkühl-Blätterteig
Mehl zum Ausrollen
1 Bund Dill, 1 Ei
100 g Crème fraîche
Salz, weißer Pfeffer
1 EL mittelscharfer Senf
Saft von ½ Zitrone
250 g Schillerlocken
250 g geräucherte Forellenfilets
150 g Räucherlachs

Blätterteig auftauen lassen, auf einer bemehlten Arbeitsfläche auf die doppelte Größe ausrollen und in 10 mal 10 cm große Quadrate schneiden. Für den Rand Teigstreifen ausschneiden. Backblech mit kaltem Wasser abspülen und Teigquadrate darauflegen. Den Dill waschen, trockenschwenken, drei Viertel fein schneiden, einige Zweiglein für die Garnitur zurückbehalten. Ei trennen, Eiweiß beiseite stellen. Eigelb, Crème fraîche, Salz, Pfeffer und Senf mit dem geschnittenen Dill verrühren. Mit Zitronensaft abschmecken. Räucherfisch in kleine Stücke teilen. Je 2 Eßlöffel Senfcreme auf die Blätterteigscheiben geben, dabei die Ränder frei lassen. Mit Räucherfisch belegen, Teigränder mit Eiweiß bestreichen, auf die Quadratkanten legen und andrücken. Die Enden an zwei Ecken so überstehen lassen, daß sie einmal gedreht eine Art Knoten ergeben. Die Pasteten im auf 225 °C (Gas Stufe 4–5) vorgeheizten Ofen 10 bis 12 Minuten backen. Heiß servieren, mit Dill garnieren.

Tönninger Aal in Gelee
Kräuteraal

Für den Tönninger Aal in Gelee (Foto):

1 Ei
je 1/4 Liter Essig und trockener Weißwein
1 Zwiebel
je 10 Piment- und weiße Pfefferkörner
1 TL Salz
2 Karotten
1 kg grüner Aal
1 Eiweiß
12 Blatt Gelatine

Das Ei in 8 bis 10 Minuten hart kochen, schälen und abkühlen lassen. Den Essig mit dem Wein und 3/4 Liter Wasser vermischen, mit der geschälten ganzen Zwiebel, den Piment- und Pfefferkörnern, dem Salz und den geputzten, unzerkleinerten Karotten aufkochen und etwa 5 Minuten ziehen lassen. Den küchenfertigen Aal enthäuten, in etwa 5 cm lange Stücke schneiden und in den Sud geben. Bei geringer Hitze in etwa 15 Minuten gar ziehen lassen. Die Aalstücke in dem Sud erkalten lassen, dann herausnehmen und in eine längliche Terrine legen. Das Eiweiß leicht schlagen, die Brühe durch ein Sieb in einen Topf passieren und mit dem Eiweiß unter Rühren aufkochen. Erneut durch ein Sieb in einen Topf passieren.
Die Karotten und das hartgekochte Ei in Scheiben schneiden und auf die Aalstücke in der Form legen. Die Gelatine kalt einweichen und in der heißen Brühe, etwa 1 Liter, lösen, dann leicht abkühlen lassen und über die Aalstücke gießen. Alles kühl stellen und nach dem Erstarren in Scheiben schneiden.

Für den Kräuteraal:

1 frischer Aal (etwa 1 kg)
Salz
frische Salbeiblätter
100 g Butter

Den ausgenommenen Aal mit Salz abreiben, waschen, trockentupfen und mit einem Zwirnsfaden Salbeiblätter um ihn herumwickeln. An Kopf und Schwanz zusammenbinden und von beiden Seiten in der Butter braten.
Ein Schwarzbrot mit Butter, ein „Klarer" und ein kühles Bier sind passende Begleiter.

Viele Fische geben uns Rätsel auf. Lachse wandern nach Jahren im Meer in die Flüsse zurück, aus denen sie stammen, um zu laichen. Aale gehen den umgekehrten Weg: Ihre Larven werden aus der Sargassosee im südwestlichen Nordatlantik mit dem Golfstrom an Europas Küsten verfrachtet. Die Weibchen leben dann etwa ein Jahrzehnt in den Flüssen der Muttertiere, bis sie Tausende Kilometer zurück in dasselbe Meeresgebiet ziehen, sich fortzupflanzen – und zu sterben.

Heringshäckerle

- 4 Salzheringe
- 4 Eier
- 100 g durchwachsener Räucherspeck
- 1 kleine Gewürzgurke
- 2 Äpfel
- 1 Zwiebel
- 4 EL saure Sahne
- 1 TL Senf
- Salz, Pfeffer
- nach Belieben Petersilie, Dill, Schnittlauch

Salzheringe über Nacht wässern.
Am nächsten Tag Eier hart kochen, schälen und abkühlen lassen. Von den Heringen Kopf und Schwanz entfernen, die Heringe ausnehmen, entgräten und häuten. Heringsfilets, Speck, Eier, Gurke, Äpfel und geschälte Zwiebel fein hacken. Saure Sahne mit Senf verrühren, mit Salz und Pfeffer abschmecken und alle Zutaten vermischen. 1 Stunde durchziehen lassen.
Zu Pellkartoffeln servieren.
Als Brotaufstrich oder zu Kartoffelpuffern können die Mengen halbiert werden. Alle festen Zutaten in diesem Fall durch die grobe Scheibe vom Fleischwolf drehen, mit saurer Sahne verrühren, mit den Gewürzen abschmecken und mit frischer gehackter Petersilie, mit frischem Dill oder Schnittlauchröllchen bestreut servieren.

Häckerle wurde in Schlesien gerne als ein sparsamer Brotaufstrich aus Fleischresten, Speck, Wurst oder Fisch – was sich in der Küche gerade bot – zusammengehackt: ein typisches Armeleuteessen. In früheren Zeiten, als es Hering noch in großen Massen gab, gelangte er, mit Salz konserviert und in Fässer verpackt, auf den Handelsstraßen, später auch auf der Schiene in alle Länder Ost-, Mittel- und Westeuropas.
Eine Zeitlang galten die Fanggründe für Hering als unerschöpflich. Es wurden auch jedes Jahr Unmengen von dem schmackhaften, schlanken Fisch gefangen. Große Schwankungen in den Fängen zwangen zum Nachdenken, führten zur Vereinbarung von Fangquoten. So bekamen zumindest die Bestände in Nord- und Ostsee Gelegenheit, sich zu erholen.

Bornholmer Salat

Hering in Sherry

Für den Bornholmer Salat (Foto):

- 3 geräucherte Heringe (Bücklinge)
- 3 Eier
- 1 kleine Zwiebel
- ½ Bund Petersilie
- 1 Bund Dill
- 1 Bund Schnittlauch
- 2 EL Essig
- Salz
- 1 Messerspitze weißer Pfeffer
- 4 EL Öl
- ½ EL Tomatenketchup
- 1 EL saure Sahne
- 2 EL süße Sahne
- 1 Tomate

Die Bücklinge filetieren. Die Eier hart kochen, schälen, abkühlen lassen, in Scheiben schneiden. Zwiebel schälen und fein würfeln. Die gewaschenen Kräuter hacken, einige Stengel für die Garnitur zurückbehalten. Essig mit Salz und Pfeffer verrühren. Öl, Tomatenketchup und saure und süße Sahne nach und nach zugeben. Die Zwiebelwürfel und die gehackten Kräuter zufügen.
Bücklingsfilets mit Eischeiben in eine Schüssel schichten, die Sauce darübergießen, etwas durchziehen lassen. Mit Kräutern und Tomatenachteln garnieren.

Für den Hering in Sherry:

- 4 Matjesheringe
- 2 Zwiebeln
- 5 EL Essig
- 6 EL Wasser
- 2 TL Zucker
- 3 EL Öl
- 8 EL trockener Sherry
- 4 Pimentkörner
- 1 Lorbeerblatt
- einige Stengel Dill

Die Matjesheringe falls nötig wässern und filetieren. Die Zwiebeln schälen, in Ringe schneiden und auf die Filets legen.
Essig, Wasser, Zucker, Öl, Sherry und Gewürze gut zu einer Marinade verrühren und über die Matjesfilets gießen. Mindestens eine Nacht im Kühlschrank ziehen lassen. Mit Dillzweigen anrichten.
Ein kräftiges Brot mit Butter und ein Glas Bier vervollständigen den Genuß.

Fangquoten hin, Meeresverschmutzung her – Hering gehört an den Küsten der nördlichen Meere einfach dazu. Und weil die Fänge seit Jahren häufig mager ausfallen, wird der einst spottbillige Fisch eben zur gefragten Delikatesse. Verdient hat er das, allein wegen seiner Vielseitigkeit in der Küche.

Hechtterrine mit Lachs

1 unbehandelte Limette
500 g Hechtfilet
Saft von ½ Zitrone
Salz
2 Eiweiß
10 EL süße Sahne
frisch gemahlener weißer Pfeffer
½ Bund Dill
2 Zweige Estragon
200 g Lachsfilet
Butter für die Form

Die Limette waschen, gut abtrocknen, Schale abreiben, Frucht in Scheiben schneiden. Hechtfilet anfrieren lassen. Mit Zitronensaft beträufeln und salzen. Zusammen mit dem Eiweiß pürieren. Ungeschlagene Sahne nach und nach zufügen. Mit Pfeffer und 1 Teelöffel Limettenschale würzen. Kalt stellen. Einige Blättchen vom gewaschenen Dill und Estragon zurückbehalten, den Rest hacken.

In der tiefen Fettpfanne im Ofen ein Wasserbad bereiten: Ofen auf 160 bis 180 °C (Gas Stufe 2) vorheizen, Wasser etwa 2 Finger hoch in die Pfanne gießen, es darf nur etwa 80 °C heiß werden, sanft köcheln, keinesfalls sprudelnd kochen. Gut ist hierfür ein Backofenthermometer.

Lachsfilet in lange, schmale Streifen schneiden. Eine längliche Kastenform oder Terrinenform gut ausbuttern. Zuerst die Hechtfarce einfüllen, dann eine dünne Schicht gehackte Kräuter. Darauf die Lachsfiletstreifen legen, mit der restlichen Hechtfarce abdecken. Glattstreichen, die Form auf der Arbeitsfläche aufstoßen, damit keine Hohlräume entstehen. Die Terrine ins warme Wasserbad stellen, etwa 50 bis 60 Minuten im Ofen belassen, bis die Fischfarce stockt. Aus dem Ofen nehmen, gut auskühlen lassen, dann stürzen. Mit Limettenscheiben, Dill- und Estragonblättchen garnieren.

Eine Terrine herzustellen, erfordert Zeit und präzises Arbeiten: kein Gericht für schnelle Entschlüsse, wenn die Gäste schon vor der Tür stehen. Aber die Köstlichkeit ist geeignet, als elegante Vorspeise eine wichtige Rolle in einem ausgiebigen festlichen Menü zu spielen.

MIS EN BOUTEILLE
APPELLATION D'ORIGINE
FRANCE
75cl
Coteaux de

Gegrillte Rotbarben mit Rauke

Zutaten für 4 bis 6 Portionen:

800–1000 g mittelgroße oder kleine
Rotbarben, vom Fischhändler ausgenommen
und geschuppt
5 Knoblauchzehen
1 Bund glattblättrige Petersilie
5–6 EL Olivenöl
Saft von 1 Zitrone
Salz
Pfeffer
1–2 Bund Rauke (Rucola)

Die Fische unter fließendem Wasser abspülen und mit Küchenpapier trocknen. Den Knoblauch schälen und durchpressen oder ganz fein schneiden. Die Petersilie waschen, trockenschwenken und hacken. Olivenöl mit Zitronensaft, Salz, Pfeffer sowie Knoblauch und Petersilie verrühren. Fische in dieser Marinade wenden und kühl 1 Stunde ruhen lassen.

Soll ein Picknick stattfinden, kann man sie so mitnehmen. Die Fische auf den Grill legen, und von jeder Seite einige Minuten braten. Marinade aufbewahren und den Rest über die gegrillten Fische gießen. Die Marinade kann auch noch durch etwas mehr Zitronensaft und Olivenöl, Salz und Pfeffer gestreckt und beim Essen mit Brot aufgetunkt werden. Als Beilagen werden Rauke und Weißbrot serviert.

Gegrillter Fisch gehört zu den Lieblingsgerichten in der Türkei, daheim ebenso wie in einem gemütlichen Fischlokal. Ein wahres Fest ist jedesmal ein Picknick am Wasser, wenn der Vater die frischen Fische grillt, während die übrigen Familienmitglieder die Zutaten für den Salat kleinschneiden. Die beliebteste Beilage zu Grillfisch ist *roka*, die Rauke, die vor einigen Jahren auch bei uns in die Küchen eingezogen ist. Ihr säuerliches, leicht scharfes Aroma harmoniert wunderbar mit dem Fischgeschmack. Ihre Blätter werden nur gewaschen und mit den Stielen neben den Fisch gelegt; man darf sie aus der Hand essen.

A-TURKEI

Goldbrassenfilets mit Fenchel

Für den Fond:

500 g Fischgräten von Goldbrasse
oder Seezunge
1 Zwiebel
2–3 Champignons
1 Lorbeerblatt
etwas Fenchelkraut oder 5–6 Fenchelsamen
200 ml Weißwein
Für das Gemüse:
400 g Fenchelknollen
Salz
3 reife Tomaten
3 EL Olivenöl
Pfeffer
600 g Goldbrassenfilet
Für die Sauce:
1 kleine Schalotte
2 TL Pernod
20 g Butter
etwas Fenchelkraut zum Garnieren

Für den Fond beim Kauf der Fischfilets Gräten mitnehmen. Die Zwiebel schälen und grob schneiden, die Champignons in Scheiben schneiden. Die Gräten abspülen und mit Zwiebel, Champignons, Lorbeerblatt, Fenchelkraut oder -samen, Weißwein und gut ½ Liter Wasser 15 Minuten kochen, dann passieren. Den Fond auf die Hälfte einkochen.

Für das Gemüse die Fenchelknollen putzen, Stielansätze und äußere, harte Blätter entfernen. Die Knollen 5 Minuten in kochendem Salzwasser überbrühen, abgießen, etwa 100 ml Fenchelsud zurückbehalten und Knollen unter fließendem Wasser abkühlen. Die Tomaten waschen, entkernen, kleinschneiden und in 2 Eßlöffel Olivenöl anbraten. Die Fenchelknollen längs in Streifen schneiden, auf die Tomaten legen, mit Salz und Pfeffer bestreuen und zugedeckt bei kleiner Hitze 30 Minuten, bei größerem Fenchel gegebenenfalls auch etwas länger garen.

Die Fischfilets mit Salz und Pfeffer würzen. Für die Sauce die geschälte, gehackte Schalotte in 1 Teelöffel Olivenöl anbraten. Fischfond und Fenchelsud zugeben und weiterkochen, bis die Sauce sämig wird. Mit Pernod abschmecken. Die Fischfilets im restlichen Olivenöl beidseitig bei kleiner Hitze leicht anbraten, dann abtropfen lassen und warm stellen. Butter in kleinen Stücken zugeben, mit der heißen Sauce im Mixer schaumig rühren. Nach Bedarf nachwürzen.

Fenchel auf vorgewärmte Teller verteilen. Je 1 Fischfilet darauflegen und mit Sauce umgießen. Mit Fenchelkraut garnieren.

Fenchel paßt gut zu Fisch. Das wird vor allem in der Provence deutlich, wenn man gute Fischrestaurants besucht. Der Fenchel wächst wild auf den Feldern, sein Kraut wird als Gewürz verwendet. Die Fenchelknollen sind aber als Gemüse genauso beliebt. Unser Rezept mit Fischfilets eignet sich für Leute, die keine Gräten mögen. Man kann für dieses Gericht auch Wolfsbarsch oder Meeräsche nehmen.

Fischfilet mit Zuckererbsen

- 500 g Fischfilet vom Kabeljau oder Heilbutt
- 1 Knoblauchzehe
- 3 cm Ingwerwurzel
- 2 EL dünne Sojasauce
- 1½ EL Maisstärke
- 300 g Zuckererbsen
- Salz
- 2 Lauchzwiebeln
- Erdnuß- oder Maisöl zum Braten
- 2 EL Reiswein
- 1 TL Sesamöl

Fischfilet in mundgerechte Stücke schneiden, Knoblauch und Ingwer schälen und fein hacken oder zerdrücken. Mit Sojasauce und ½ Eßlöffel Maisstärke verrühren. Über die Fischstücke geben, gut vermischen und mindestens 10 Minuten durchziehen lassen. Zuckererbsen waschen. In einem Topf Salzwasser zum Kochen bringen, die Erbsenschoten darin blanchieren, in ein Sieb schütten und mit kaltem Wasser abschrecken. Lauchzwiebeln waschen, putzen und in kleine Stücke schneiden.

4 bis 5 Eßlöffel Erdnuß- oder Maisöl in einer Pfanne oder im Wok erhitzen und die Fischstücke darin unter Rühren etwa 1 bis 2 Minuten scharf anbraten. Herausnehmen und warm stellen. 2 Eßlöffel Öl im Wok oder in der Pfanne erhitzen, Zuckererbsen und Lauchzwiebeln darin unter Rühren 2 bis 3 Minuten braten. Fischstücke zugeben, mit Reiswein und Salz abschmecken. Mit 1 Eßlöffel in Wasser glattgerührter Maisstärke andicken. Sesamöl darüberträufeln und heiß servieren.

Die zarten, süßen Zuckererbsen eignen sich besonders gut zum Pfannenrühren. Sie werden wegen ihrer knackigen Schoten und ihres feinen Geschmacks so geschätzt. Dennoch lassen sich für dieses Rezept aus Guangzhou mit dem Namen *Chao Yuqiu* auch Brokkoli, Karotten oder Lauch als Gegengewicht zum Fisch verwenden.

Geräucherte Flundern mit Kraut

750 g Weißkraut	
125 g durchwachsener Speck	
125 g Zwiebeln	
½ Liter Fleischbrühe	
1 TL Kümmel	
1 TL Speisestärke	
Salz, weißer Pfeffer	
Butter für die Form	
4 geräucherte Flundern	

Weißkraut putzen, vierteln, den Strunk herausschneiden, die Viertel grob zerkleinern. Speck fein würfeln und in einem Topf ausbraten. Die Zwiebeln schälen, ebenfalls fein würfeln. In das Speckfett geben und glasig werden lassen. Kraut portionsweise zufügen, kurz andünsten und mit der Brühe aufgießen. Kümmel darüberstreuen. Zugedeckt bei mittlerer Hitze 20 Minuten schmoren lassen.

Speisestärke mit wenig kaltem Wasser verrühren und die Krautflüssigkeit damit binden. Mit Salz und Pfeffer würzen. Kraut in einer mit wenig Butter ausgestrichenen feuerfesten Auflaufform verteilen, die Flundern darauflegen. Form mit einem Deckel verschließen oder mit Alufolie abdecken. Im vorgeheizten Backofen bei 200 °C (Gas Stufe 3, Umluft 180 °C) etwa 12 bis 15 Minuten garen. Als Beilage gibt es dazu Salzkartoffeln und grünen Salat.

Die flachen Flundern gehen den Fischern außer im Mittelmeer an den west- und nordeuropäischen Küsten ins Netz; so auch in Mecklenburg, woher dieses Rezept stammt. Flundern sind fettarm und auch besonders eiweißreich.

Doch ihr Gesichtsausdruck – einmal sehr menschlich gedeutet: Nach einem Märchen von Fritz Reuter stammt das schiefe Maul der Flunder von einer hämischen Frage, die sie einst über oder an den flinken Hering loswerden mußte: „Ist (denn) der Hering auch ein Fisch?“ Dieser war aus einem Wettschwimmen als souveräner Sieger hervorgegangen, was den Neid einiger anderer Fischarten erweckt hatte.

LENBURGER
ARER
0,7 l

Heilbutt mit Wirsing

8 große Wirsingblätter
Salz
8 Scheiben Heilbutt à 100 g
Pfeffer
3 EL Öl
50 g Blutwurst
50 g Sobrassada
(luftgetrocknete spanische Rohwurst),
ersatzweise: *chorizo* (spanische Paprikawurst)
oder *kolbász* (ungarische Paprikasalami)
1 große Zwiebel
4 Knoblauchzehen
1 große Tomate
30 g Pinienkerne
30 g Rosinen
½ TL milder Paprika
¼ Liter herber Weißwein

Wirsingblätter in Salzwasser blanchieren und abtropfen lassen. Heilbuttscheiben mit Salz und Pfeffer würzen. Etwa 2 Eßlöffel Öl in einer großen Eisenpfanne erhitzen und den Fisch darin rundherum anbraten. Blutwurst und Sobrassada kleinwürfeln. Kohlblätter auf dem Tisch ausbreiten, je 1 Scheibe Heilbutt darauflegen und auf jede Scheibe etwas Wurstwürfel geben. Heilbuttscheiben mit den Kohlblättern einwickeln und zubinden. Die Stücke in eine *greixonera* oder eine andere flache Auflaufform legen und warm halten. Zwiebel und Knoblauch schälen, Zwiebel kleinhacken, Knoblauch ganz lassen. Tomate überbrühen und schälen, Stielansatz entfernen, Frucht kleinwürfeln. In dem restlichen Öl zuerst die Pinienkerne und Rosinen anbraten, wieder herausnehmen, dann nacheinander Zwiebel, Knoblauch und Tomate anbraten. Rosinen und Pinienkerne dazugeben, mit Paprika würzen. Mit Wein aufgießen, einmal aufkochen lassen und das Ganze über den Heilbutt gießen. Im Backofen bei 180 °C (Gas Stufe 2–3) etwa 30 Minuten schmoren.

Rezepte mit *col*, einer Krautart, die zwischen unserem Weißkraut und Wirsing angesiedelt ist, gehören zu den Klassikern der Küche Mallorcas. Man kombiniert *col* nicht nur mit Fleisch, sondern sogar mit Fisch, in jedem Fall führt es zu köstlichen Ergebnissen. Für welche Krautsorte man sich auch entscheiden mag, junger Wirsing kommt dem typischen Geschmack am nächsten. Und wer sich von einem Mallorcaurlaub eine *greixonera* mitgebracht hat, eine jener breiten Tonschalen, die allerorts angeboten werden, bereitet das Mahl darin zu.

Artischocken mit Kabeljau gefüllt

8 große Artischocken	
3 unbehandelte Zitronen	
Salz	
1 Bund Petersilie	
1 Brötchen	
½ Liter Milch	
200 g Kabeljau	
etwas Mehl	
100 ml Öl	
1 Ei	
Pfeffer	
1 Zwiebel	
4 Knoblauchzehen	
1 Tomate	
1 Lorbeerblatt	

Von den Artischocken Stengel, grobe Blätter und Spitzen abschneiden, mit dem Saft von 1 Zitrone in Salzwasser 25 bis 35 Minuten weich kochen. Die anderen Zitronen waschen, gut abtrocknen, die Schale abreiben, die Früchte auspressen. Petersilie waschen, trockenschwenken und kleinhacken. Brötchen in 200 ml Milch einweichen. Kabeljau in feine Streifen schneiden, mit Mehl bestreuen und in 2 Eßlöffel Öl anbraten. In einer Schüssel mit der Hälfte der Petersilie, dem ausgedrückten Brötchen, Zitronenschale und -saft, Ei, Salz und Pfeffer gut vermengen.

Die abgekühlten Artischocken von Blättern und Heu befreien. Paste in die Böden füllen und mit 2 Eßlöffel Öl beträufeln. In eine flache Auflaufform setzen. 100 ml Milch zugießen. Im Ofen bei 250 °C (Gas Stufe 6) etwa 20 Minuten backen. Zwiebel und Knoblauch schälen und kleinhacken. Tomate überbrühen, schälen und kleinwürfeln. Das restliche Öl in einer Pfanne erhitzen und nacheinander Zwiebel und Knoblauch sowie die Tomate darin anbraten. Lorbeerblatt und restliche Milch dazugeben, aufkochen und über die Artischocken gießen. Mit der restlichen Petersilie bestreuen und noch 10 Minuten schmoren lassen. Gut paßt dazu Knoblauchmayonnaise oder Aïoli, in der Inselsprache *Allioli*; das provenzalische Rezept steht auf Seite 16.

Auf Mallorca wachsen die dicken Blütenknospen der distelartigen Artischockenpflanzen auf groß angelegten Feldern oder im Schatten der Olivenhaine. Zum Füllen eignen sich die großen Köpfe, die aber noch geschlossen sein sollten.

Hamsi-Pfanne

500 g Hamsi oder Sardinen (frisch oder tiefgekühlt)
Saft von 1 Zitrone
400 g Kartoffeln
2 Bund glattblättrige Petersilie
2 mittelgroße Zwiebeln
4 EL Olivenöl
Salz, Pfeffer
2 EL Salça, ersatzweise Tomatenmark
½ TL mildes Paprikapulver

Die Fische abspülen, ausnehmen, Schwanz, Rückgrat und Kopf entfernen. Aufgeklappte Fischchen nochmals abspülen, auf Küchenpapier trockentupfen und mit Zitronensaft beträufeln. Kartoffeln schälen und in dünne Scheiben schneiden. Petersilie waschen, trockenschwenken und hacken. Zwiebeln schälen und fein würfeln. Eine Pfanne oder ein *tepsi* einölen. Ein Drittel der Kartoffelscheiben auf den Boden legen, darauf ein Drittel der Petersilie und der Zwiebeln geben, mit Salz und Pfeffer bestreuen. Ein Drittel der Hamsi oder Sardinen darauf betten, mit Salz und Pfeffer leicht würzen. So weiter verfahren und mit einer Lage Hamsi, bestreut mit Petersilie, abschließen. Salça oder Tomatenmark und Paprikapulver in ½ Tasse Wasser auflösen und mit dem restlichen Olivenöl darübergießen. Die Form mit einem Deckel verschließen und bei 180 °C 10 Minuten garen. Hitze auf 125 °C herunterschalten und in etwa 15 Minuten fertiggaren, bis die Kartoffeln weich sind.

Ein ausgesprochener Liebling der Schwarzmeerküche ist Hamsi, ein kleiner Fisch von der Größe einer Sardine. Er wird auf unzählige Arten zubereitet – wie man munkelt, sogar zum Dessert. Gefangen wird er vornehmlich im Winter, dann kommt er auch per Flugzeug in unsere türkischen Läden. Hamsi ist kein Fisch für die Gastronomie, er gehört auf den Familientisch. Sicher wird er häufig in der Kuchen- oder Tortenform *tepsi* zubereitet, die mit 20 bis 50 Zentimeter Durchmesser äußerst vielseitig ist, also auch geeignet für Gerichte, die im Ofen gegart werden. Wer das Original nicht besitzt, greift eben zu einer genügend tiefen Pfanne.

Janssons Versuchung

6 Kartoffeln	
3 Zwiebeln	
3 EL Butter	
15 Sardellenfilets	
400 ml süße Sahne	
Pfeffer	
2–3 Stengel Dill	
einige Zitronenecken	

Die Kartoffeln schälen und streichholzdünn stifteln. Die Zwiebeln in dünne Scheiben schneiden und in zwei Drittel der Butter goldgelb braten. Eine feuerfeste Form mit der restlichen Butter ausstreichen und schichtweise Kartoffeln, Zwiebeln und Sardellenfilets einfüllen. Das Ganze mit einer Lage Kartoffeln abschließen. Die Sahne mit etwas Pfeffer würzen, mit frischgehacktem Dill versehen und über den Auflauf gießen. Die Kartoffeln sollten von der Sahne bedeckt sein. Im vorgeheizten Backofen bei 180 °C (Gas Stufe 2–3) etwa 50 Minuten backen. Mit Zitronenecken garnieren und in der Auflaufform servieren.

Der pikante Auflauf mit dem vielversprechenden Namen, im Original *Janssons frestelse*, ist eines der typischen Fischgerichte Schwedens. Wie es zu diesem Namen kam, kann heute niemand mehr genau sagen. Aber es wird erzählt, daß ihn der Opernsänger Pelle Janzon vor ungefähr hundert Jahren komponiert habe, um seinen Freunden etwas Durstanregendes anbieten zu können.

Heute darf Janssons Versuchung auf keiner Party fehlen: Ein Buffet lockt meist mit allerlei kalten Fischspezialitäten, Salaten und Pasteten. Und erst gegen Ende des Fests kommt Janssons Versuchung heiß auf den Tisch, damit sich die Gäste vor dem Heimweg noch einmal richtig stärken können. Keineswegs gibt es den pikanten Auflauf nur bei lange dauernden Festen. Ebenso schmeckt er an kalten, ja bitterkalten Wintertagen, im Kreis der Familie.

Forelle in Folie
Bodenseefelchen

Für die Forelle in Folie (Foto):

- 4 Forellen
- Saft von 1 Zitrone
- Salz
- 2 Bund Dill
- 4 EL Butter
- Pfeffer

Die Fische ausnehmen und waschen, mit Zitronensaft beträufeln und salzen. Den Dill waschen und hacken. 4 Stücke Aluminiumfolie mit etwas Butter bestreichen. Die restliche Butter und den gehackten Dill verkneten, salzen und pfeffern. Jede Forelle auf eine vorbereitete Folie geben und die Dillbutter daraufsetzen. Folie gut verschließen und bei mittlerer Hitze (160–180 °C) etwa 20 bis 25 Minuten im Backofen oder im Holzfeuer garen. In der geöffneten Folie servieren.

Haben Sie schon einmal erlebt, wie ein erfahrener Angler in Schweden oder auch Norwegen eine gefangene Forelle gleich an Ort und Stelle zubereitet? Er entfacht ein Holzfeuer, und wenn keine Flamme mehr aufzüngelt, legt er die in nasses Zeitungspapier gewickelte und mit Kräutern belegte Forelle in die Glut. Wer zum Mitessen eingeladen war, wird den anschließenden Genuß nicht so schnell vergessen.

Für den Bodenseefelchen:

- 2 küchenfertige Felchen von je ca. 250 g
- 1 Messerspitze Salz
- Saft von 2 Zitronen
- 70–80 g Butter

Für die Sauce:

- 1 Zwiebel, 60 g roher Schinken
- 80 g Butter
- 70–80 g Champignons
- etwas frischer oder getrockneter Salbei
- ½–1 TL Zitronensaft
- 5 EL saure oder süße Sahne
- etwas Pfeffer nach Geschmack
- 2 EL gehackte Petersilie

Die Felchen außen und innen vorsichtig waschen, mit Küchenpapier trockentupfen, mit Salz und Zitronensaft innen und außen würzen. In der Butter 4 bis 5 Minuten braten und warm stellen.
Für die Sauce: Das Bratfett auffangen. Die Zwiebel schälen und kleinwürfeln. Den Schinken ebenfalls würfeln. Beides in der Butter hell angehen lassen. Die Champignons putzen, grob hacken und mit dem zerkleinerten Salbei dazugeben. Mit dem Zitronensaft und einem Schuß Bratfett ablöschen. Das Ganze aufkochen, nach Belieben mit süßer oder saurer Sahne und mit Pfeffer abschmecken und mit frischer Petersilie bestreuen.

Auf Benediktinermönche von der Insel Reichenau geht dieses Rezept zurück. Es wird dem lachsartigen, eleganten Fisch gerecht, der in fast allen Gewässern nördlich der Alpen ortstreu oder als Wanderer lebt.

SISTA VECKAN
inlämning till
Specialauktion

Spickaal
Tuckeraal

Spickaal (oben)

1–2 geräucherte, nicht zu dicke Aale (etwa 750 g)
3 EL Mehl
1 Ei
3 EL Semmelbrösel
Butterschmalz zum Braten
1 Zitrone

Die Aale häuten, seitlich aufschlitzen, die Filets von der Gräte heben. In etwa 10 bis 15 cm lange Stücke teilen. Erst in Mehl, dann in verquirltem Ei und zum Schluß in Semmelbröseln wenden. In einer Pfanne das Butterschmalz erhitzen und die Aalstücke darin goldgelb braten. Auf eine vorgewärmte Platte legen, mit Zitronenschnitzen anrichten. Als Beilage schmecken dazu in Butter und Dill geschwenkte Salzkartoffeln.

Die Müritz, so nennen die Mecklenburger liebevoll den knapp 120 Quadratkilometer großen Müritzsee, in dem es einmal 30 verschiedene Fischarten gab, ist Deutschlands zweitgrößter Binnensee. Die Aale aus der Müritz werden gerne zu Tuckeraal verarbeitet.
Und der Spickaal hat seinen Namen daher, daß er zum Räuchern auf einen S-förmigen Haken aufgespickt, also aufgespießt wird. Er ist recht häufig auf kleineren und größeren Buffets zu finden.

Tuckeraal (unten)

800–1000 g küchenfertige frische Aale
Saft von ½ Zitrone
Salz
200 g Lauch (Porree)
100 g Karotten
80 g Petersilienwurzel
250 g Kartoffeln
120 g Zwiebeln
40 g Butter
1 EL Mehl
¼ Liter Fleischbrühe
1 Lorbeerblatt
½–1 Bund Petersilie
1 Schuß Weißwein

Die Aale abspülen, mit Zitronensaft beträufeln, salzen und in fingerlange Stücke schneiden. Lauch, Karotten, Petersilienwurzel und Kartoffeln putzen und waschen. Lauch längs halbieren, in Streifen schneiden, Karotten, Petersilienwurzel, Kartoffeln und Zwiebeln schälen und in Scheiben schneiden. Butter in einem Topf erhitzen, Mehl einrühren, mit der Brühe ablöschen. Lauch, Karotten, Petersilienwurzel, Kartoffeln und Zwiebeln dazugeben und zugedeckt bei kleiner Hitze in 10 Minuten halbgar dünsten. Die Aalstücke, Salz und das Lorbeerblatt zugeben und alles zusammen zugedeckt etwa 15 Minuten kochen. Die Petersilie waschen, trockenschwenken und hacken. Das Lorbeerblatt herausnehmen, die Sauce mit Weißwein abschmecken. Den Tuckeraal mit Petersilie bestreut anrichten. Salzkartoffeln schmecken dazu wunderbar.

Gespickter Hecht in Sahnesauce

1 küchenfertiger Hecht von etwa 1,5 kg
2–3 EL Zitronensaft
1 TL Salz
125 g fetter Speck
80 g Butter
2 große Kartoffeln oder 2 große Zwiebeln
1 mittelgroße Zwiebel
1 Karotte
125 g saure Sahne
1 EL Mehl
1 Schuß Weißwein oder Zitronensaft
Salz
weißer Pfeffer

Den Hecht gründlich abspülen, trockentupfen, innen mit Zitronensaft beträufeln und mit Salz bestreuen. Den Speck in 1/2 cm breite und 10 cm lange Streifen schneiden. Damit den Hecht seitlich quer zum Rücken spicken. Eine feuerfeste Porzellanform mit wenig Butter einfetten. Den Hecht auf 2 große, durchgeschnittene Kartoffeln oder Zwiebeln – letztere geben gleich etwas Geschmack ab – mit der offenen Bauchseite nach unten setzen. Restliche Butter erhitzen und über den Hecht gießen. Die geschälte und in Viertel geschnittene Zwiebel sowie die geputzte, halbierte Karotte neben den Hecht legen. Die Form in den auf 220 °C (Gas Stufe 4, Umluft 200 °C) vorgeheizten Backofen auf die untere Schiene setzen und etwa 40 Minuten braten. Zwischendurch hin und wieder mit dem Bratenfond begießen. 3 Eßlöffel saure Sahne mit dem Mehl verrühren. Etwa 15 Minuten vor Ende der Bratzeit den Hecht mit dieser Mischung bestreichen und weitergaren. Den Bratenfond aus der Form schöpfen, in einem Topf mit der restlichen sauren Sahne verrühren, mit Wein oder Zitronensaft, Salz und Pfeffer abschmecken. Den Hecht am Tisch zerteilen und mit der Sauce anrichten. Als Beilage schmecken dazu Salzkartoffeln und Gurkensalat.

Hechte sind neben vielen anderen Fischen sowohl in den vielen Mecklenburger Binnenseen als auch in den Boddengewässern anzutreffen. Und genauso zahlreich wie die Fanggründe für diesen Raubfisch sind die Zubereitungsarten. Früher war das Spicken von Fisch- und Fleischstücken Mode, heute wird häufiger mit Speckscheiben belegt. Das ist auch einfacher zu handhaben. Doch weil es gut aussieht, wurde das alte Rezept beibehalten.

Berliner Bierkarpfen

Zutaten für 6 Personen:
- 2 kg Karpfen
- Salz
- 2 mittelgroße Zwiebeln
- 1 große Karotte
- 1 unbehandelte Zitrone
- 1 Gewürznelke
- 1 Lorbeerblatt
- 3/4 Liter Braunbier
- Pfeffer

Für die Sauce:
- 150 g geriebener Fisch(pfeffer)kuchen oder einfacher brauner Lebkuchen
- 20 g Zucker
- 1 EL Weinessig
- Saft von 1 Zitrone
- 50 g Butter

Die Karpfen säubern, waschen, aber nicht abtrocknen und entweder der Länge nach aufspalten und in Portionsstücke schneiden oder in dicke Scheiben zerteilen. Leicht salzen und 30 Minuten zugedeckt stehen lassen.
Die Zwiebeln schälen, die Karotte putzen, beides in Scheiben schneiden. Die Zitrone waschen, gut abtrocknen, die Schale dünn abschneiden und mit der Nelke und dem Lorbeerblatt auf den Boden einer Kasserolle legen. Die Karpfenstücke darauflegen. Das Bier darübergießen und mit Salz und Pfeffer leicht würzen. Zugedeckt etwa 20 Minuten langsam köcheln lassen. Zum Schluß die Karpfenstücke vorsichtig herausnehmen und bis zum Servieren warm stellen.
Für die Sauce: Den Fischkuchen in den Biersud geben, den Zucker separat in einem Topf langsam unter Rühren braun rösten, mit dem Essig ablöschen, ebenfalls in den Sud geben und 1 bis 2 Minuten aufkochen. Mit Zitronensaft abschmecken, die Butter in kleinen Flocken dazugeben und alles durch ein feines Sieb streichen. Die Sauce nun über den Fisch geben. Der Berliner ißt dazu Salzkartoffeln und genießt ein kühles Bier.

Dieses Rezept ist rund 250 Jahre alt und beweist zum einen die große Bierliebe der Berliner seit eh und je, bis heute. Und 1895 gab die „Berliner Weißbier-Brauerei Ed. Gebhardt" eine kleine Sammlung von mehr als 20 Rezepten mit Bier heraus. Darunter findet sich „Karpfen in Weißbier", zubereitet mit Weiß- statt Braunbier, und in die Sauce kommt – wenn Sie's so mögen – eine halbe Tasse Holunderbeerenmus. Ewig junge Klassiker eben, vielleicht auch deshalb so beliebt, weil Karpfenschuppen an Silvester im Geldbeutel als Glücksbringer gelten.

Kretzer nach Öhninger Art

- 800 g Kretzerfilets
- Salz
- weißer Pfeffer
- 2 EL Mehl
- 1 Zwiebel
- 2 EL Butter
- 1 Glas trockener Weißwein (Riesling oder Elbling)
- je 1 TL frisches Basilikum, frischer Rosmarin, Salbei, Thymian oder die halbe Menge bei getrockneten Kräutern
- ½ Bund Petersilie
- ⅛ Liter süße Sahne

Die Fischfilets salzen, pfeffern und in Mehl wenden. Die Zwiebel schälen und ganz fein hacken. Wenn Sie frische Kräuter haben, diese vorbereiten und zerkleinern. In einer Pfanne die Butter erhitzen, die Filets nebeneinander hineinlegen, wenn die Pfanne nicht ausreicht, gleichzeitig eine zweite benützen. Die Filets von beiden Seiten anbraten, mit Wein übergießen, die Zwiebel und die Kräuter darüberstreuen. Auf kleinster Flamme 8 Minuten dünsten. Dann wenden und weitere 7 Minuten dünsten. Die Petersilie waschen, trockenschwenken und hacken.

Fische herausnehmen, auf einer vorgewärmten Platte anrichten und warm stellen. Den Sud noch etwas einkochen, mit der Sahne verfeinern und über die Kretzerfilets gießen. Zum Schluß Petersilie darüberstreuen und mit Salzkartoffeln und grünem Salat servieren.

Über 100 Arten umfaßt weltweit die Familie der Echten Barsche, der *Percidae*. Ein Dutzend davon lebt im Süßwasser Europas und Kleinasiens, und alle haben an ihrer ersten der beiden Rückenflossen starke Stachelstrahlen: der schlanke, hechtähnliche Zander ebenso wie der Kretzer, von dem hier die Rede ist. Nichts anderes als ein Flußbarsch, wird der Kretzer in der Schweiz Egli genannt. Weil er auch nährstoffreicheres Wasser verträgt, hat sich der Kretzer in jüngerer Zeit stark vermehrt. Früher war das Wasser unserer Voralpenseen und fast aller Flüsse ja sauber, ärmer an Kleinlebewesen, meist auch kälter. So gab es nur wenige Barsche – und kaum Rezepte dazu. Heute soll es in Öhningen am Bodensee ein Lokal geben, das regelmäßig an die zwanzig auf der Speisekarte hat.

BADEN
Freiburg
1990

Saiblingsfilet mit saurem Rahm und Brösel

700 g Saiblingsfilets
Saft von ½ Zitrone
Salz, Pfeffer
je 1 Bund Dill, Petersilie und Kerbel
4 EL geriebene Weißbrotkrume
60 g Butter
100 g saure Sahne

Die Saiblingsfilets entgräten, enthäuten und unter fließendem kaltem Wasser kurz abwaschen, dann mit Küchenpapier trockentupfen. Die Filets mit dem Zitronensaft beträufeln, vorsichtig würzen und kühl stellen.

Die frischen Kräuter waschen, trockenschwenken, fein hacken und mit der Weißbrotkrume mischen.

In einer Pfanne mit der Hälfte der Butter die Filets mit der Hautseite nach unten braten, ohne sie zu wenden. Nach etwa 2 Minuten mit Kräutern und Weißbrotkrume bestreuen und mit saurer Sahne überziehen. Die restliche Butter zerlassen und beim Fertigbraten immer wieder über die Filets gießen.

Sehr gut schmecken dazu in Butter geschwenkte Kartoffeln, ein trockener Kerner oder auch ein leichter Weißherbst.

Vom Saibling, wie die Forellen ein Lachsfisch, kennen wir bei uns drei Vettern: Der Wandersaibling kommt im Meer vor und zieht zum Laichen ins Süßwasser. In Hochgebirgs- und einigen tiefen Voralpenseen lebt sein nicht wandernder Vetter, der aber selten geworden ist. Wohl dem, der noch einen ergattern kann.

In unseren sauberer werdenden Bächen und beim Fischhändler wieder häufiger zu finden ist der Bachsaibling, übrigens erst vor gut hundert Jahren aus Nordamerika eingeführt. Sein Fleisch von zartrosa Farbe ist im Geschmack noch feiner als das der Forelle. Man ißt ihn gern gebacken wie auch gedünstet.

Beschwipste Forelle

- 4 Forellen à 200 g (Zuchtforellen)
- Salz
- Saft von 1 Zitrone
- 6–8 Schalotten
- 200 g Champignons
- 6–8 schwarze Pfefferkörner
- etwa ¾ Liter badischer Rieslingsekt
- 20 g Butter
- 1 TL Mehl
- ¼ Liter süße Sahne

Die Fische unter fließendem Wasser ausnehmen, reinigen und trockentupfen. Innen und außen salzen, mit Zitronensaft beträufeln und 15 Minuten ziehen lassen. Forellen in eine Auflaufform legen.
Die Schalotten schälen und in Scheiben, die Champignons blättrig schneiden und mit den Pfefferkörnern dazugeben. Das Ganze mit so viel Sekt auffüllen, daß die Fische gerade bedeckt sind, die Menge des Sektes richtet sich nach der Größe der Forellen und der Auflaufform.
In den auf 200 °C (Gas Stufe 3) vorgeheizten Backofen stellen und je nach Größe der Forellen 10 bis 20 Minuten garen. Die Fische sind fertig, wenn sich die Rückenflossen ohne Widerstand herausziehen lassen.
Vorsichtig aus dem Sektsud herausnehmen und auf einer warmen Platte beiseite stellen. Pfefferkörner aus dem Sud nehmen. Butter und Mehl mit einer Gabel gut vermischen, in den Sud geben, den Rest in einer Sauciere servieren. Ganz feine Nudeln schmecken wunderbar dazu.

Welcher der drei in Europa heimischen Arten Franz Schubert sein „Forellenquintett" widmete, ist nur zu vermuten, wahrscheinlich aber der Bachforelle. Damals zu Beginn des 19. Jahrhunderts besaß der schöne Fisch noch ganz andere Bedeutung. Der herrliche vierte Satz jenes Klavierquintetts deutet es an: Als schnelle Räuber in sauberen, kühlen, sauerstoffreichen Bächen und Flüssen heimisch, konnten viele Forellen den Nachstellungen durch den Menschen entgehen. Ihre Flinkheit dürfte sie von jeher zum Objekt der Begierde gemacht haben. Auch derer aller Feinschmecker, denn über den ausgezeichneten Geschmack des lachsverwandten, aber viel kleineren Fischs wußte man Bescheid.
Seit 1880 die größere nordamerikanische Regenbogenforelle in Europa eingeführt wurde und auch die anderen Forellen in großem Stil in Teichen gezüchtet werden, sind sie viel leichter zu bekommen. Unter vernünftigen Bedingungen gezüchtet, schmecken Forellen weiterhin ganz ausgeprägt gut. Und wenn man sie unbedingt verfeinern will, dann darf das nur mit Zutaten geschehen, deren Geschmack ebenso fein und zurückhaltend ist wie das zarte Forellenfleisch: Wein oder Sekt, Sahne, Schalotten, Champignons.

Gebratene Kutterschollen

4 Schollen
2 EL Zitronensaft
Salz
100 g Mehl
150 g durchwachsener Räucherspeck
60 g Butterschmalz
20 g Butter
2 Zitronen

Die küchenfertig zubereiteten Schollen innen und außen mit Zitronensaft einreiben und mit etwas Salz bestreuen. Etwa 20 Minuten ziehen lassen.

Danach im Mehl wenden. Den Speck in Würfel schneiden und in einer Pfanne in dem Butterschmalz glasig dünsten, dann herausnehmen und warm stellen. Die Schollen im Speckfett je Seite etwa 4 Minuten braten.

In einer zweiten Pfanne die Butter mit dem ausgelassenen Speck bräunen und beim Anrichten über die Schollen gießen. Mit Zitronenvierteln garniert servieren. Als Beilage passen kleine Pellkartoffeln, Salzkartoffeln oder Kartoffelsalat

Entlang der gesamten Nordseeküste, aber nicht nur dort, werden Schollen von den Fischern angelandet. Fangfrisch in Speck gebraten sind sie ein besonderer Genuß. Auch für diejenigen, die Fischen gegenüber ein eher distanziertes Verhältnis haben. Das feine weiße und delikate Fleisch, auch als Filet im Handel, sollte nicht zu lange gebraten werden, damit es nicht austrocknet.

In Büsum werden zusätzlich Nordsee-Krabben – nach strenger Bezeichnung eigentlich Garnelen – in dem Speckfett kurz angedünstet und über die Schollen gegeben.

Heilbutt mit Garnelen
Seezungenfilets mit Mandeln

Heilbutt mit Garnelen (oben)

4 Scheiben Weißer oder Schwarzer Heilbutt à 200 g
1 mittelgroße Zwiebel, 40 g Butter
Salz, weißer Pfeffer
⅛ Liter trockener Weißwein
200 g küchenfertige, vorgegarte Garnelen
1 Bund krause Petersilie
200 ml süße Sahne
1 gehäufter TL Speisestärke

Die Fischscheiben kalt abspülen und mit Küchenpapier trockentupfen. Zwiebel schälen und in feine Ringe schneiden. Den Boden einer Deckelpfanne mit hohem Rand mit Butter ausstreichen. Die Zwiebeln auf dem Boden verteilen. Die Fischscheiben von beiden Seiten mit Salz und Pfeffer bestreuen und auf die Zwiebeln legen. Den Wein angießen, Deckel auf die Pfanne setzen und den Fisch bei sanfter Mittelhitze 10 Minuten dünsten.

Die Garnelen im Sieb kalt abspülen, abtropfen lassen. Petersilie waschen, trockenschwenken und fein hacken. Den Backofen auf 100 °C (Gas Stufe 1) vorheizen, eine Servierplatte vorwärmen. Die Petersilie über den garen Fisch streuen und die Garnelen darauf verteilen. Noch 5 Minuten zugedeckt dünsten.

Den Fisch mit den Garnelen auf die vorgewärmte Platte legen und im Backofen warm halten. Sahne mit Stärke verquirlen, mit dem Schneebesen in den Fond in der Pfanne rühren, kurz aufkochen. Sauce abschmecken und über den Fisch gießen. Dazu paßt Kartoffelpüree.

Seezungenfilets mit Mandeln

8 mittelgroße Seezungenfilets à 80 g
Salz
weißer Pfeffer
4 EL Mehl
1 Ei
1 Eiweiß
5 EL Paniermehl
200 g Mandelblättchen
80 g Butter
1 Schälchen Kresse

Die Seezungenfilets nebeneinander auf ein Brett legen und von beiden Seiten mit Salz und Pfeffer bestreuen. Mehl auf einen flachen Teller sieben. Ei und Eiweiß in einem tiefen Teller verquirlen. Paniermehl und Mandelblättchen auf einem weiteren flachen Teller vermischen und ausbreiten. Den Backofen auf 100 °C (Gas Stufe 1) vorheizen.

Die Hälfte der Butter in eine Pfanne geben und bei sanfter Hitze schmelzen lassen. Die Filets zuerst in Mehl wenden, überschüssiges Mehl abschütteln, dann in Ei wenden und in der Paniermehl-Mandel-Mischung, diese andrücken, damit die Panade kleben bleibt. Die Filets in der aufschäumenden Butter von beiden Seiten je 3 Minuten bei Mittelhitze braten und auf einer vorgewärmten Platte im Backofen warm halten, bis alle gebraten sind. Dazu die übrige Butter verwenden. Die Seezungenfilets mit Kresse garniert servieren und als Beilage Kartoffelkroketten reichen.

Seezunge auf Regentschaftsart

4 Seezungenfilets (800–1000 g)
Salz
frisch gemahlener weißer Pfeffer
1 EL Mehl
80 g Butterschmalz
¼ Liter Weißwein
5 EL Walnußkerne
60 g Butter
2 Bananen
2 EL Crème fraîche
2 EL Zitronensaft

Die Seezungenfilets unter kaltem Wasser abspülen, trockentupfen, mit Salz und Pfeffer würzen und mit Mehl bestreuen. Das Butterschmalz erhitzen, Weißwein angießen, mit Salz und Pfeffer abschmecken und zum Kochen bringen. Die Seezungenfilets hineinlegen und 8 bis 10 Minuten dünsten. Inzwischen die Walnußkerne grob hacken und in der Hälfte der Butter hellbraun rösten. Die Bananen schälen, in Scheiben schneiden und kurz in der restlichen zerlassenen Butter schwenken. Die garen Seezungenfilets herausnehmen und warm stellen. Den Sud etwa auf die Hälfte einkochen. Crème fraîche zufügen und kurz aufkochen lassen. Die Seezungenfilets auf vorgewärmten Tellern anrichten und mit Zitronensaft beträufeln. Die Walnußkerne und Bananenscheiben darauf verteilen. Etwas Sauce angießen. Nach Belieben gedünstete, eingeriefte Champignonköpfe, Trüffelscheiben, gare Krebsschwänze und Fleurons (aus Blätterteig) beigeben. Dazu schmeckt ein trockener Elbtaler Traminer oder Ruländer.

Woher dieses feine Rezept stammt, darauf gibt zuerst der Wein einen Hinweis: aus Sachsen, das durch August den Starken richtig berühmt wurde. Nicht anders als an den zahlreichen absolutistischen Fürstenhöfen in Europa orientierte man sich auch an der Elbe in Lebens- und Baustil, Prunk und Protz vor allem am französischen Vorbild. Doch hatte die sächsische Hofküche des 18. und 19. Jahrhunderts weitere Wurzeln: in der Küche des Volkes, zudem kamen Inspirationen aus Fernost. Die verfeinerte Kochkunst konnte bereits vor 250 Jahren auf ein ausgezeichnetes Transportwesen bauen, auf die „sächsische Küchenpost“. Mit ihr gelangten direkt vom Hamburger Markt Austern, Langusten, Hummer und vieles mehr nach Leipzig. Fische mußten gar lebend geliefert werden. Frischer ging es nimmer. Und so kam mancher üppige Gaumenkitzel zustande.

Lachs im Teig

4 Platten tiefgefrorener Blätterteig
1 großes Bund Petersilie
5 Salbeiblättchen
1 Stück frische Ingwerwurzel
(etwa 3 cm lang)
1 TL Anissamen
1 TL abgeriebene Zitronenschale
2 TL Salz
frisch gemahlener weißer Pfeffer
Mehl zum Ausrollen
4 Lachssteaks zu je etwa 220 g
Saft von ½ Zitrone
Zum Bestreichen:
1 Eigelb
2 EL süße Sahne

Blätterteigplatten auftauen lassen. Backofen auf 220 °C (Umluft 200 °C, Gas Stufe 4) vorheizen. Petersilie waschen und wie den Salbei ganz fein hacken. Ingwer schälen und auf der Rohkostreibe fein reiben. Anissamen zerdrücken. Kräuter, Ingwer, Anis, Zitronenschale, Salz und reichlich Pfeffer vermischen. Blätterteigplatten auf Mehl knapp messerrückendick ausrollen. Auf jede Teigplatte ein Lachssteak legen und mit Zitronensaft beträufeln. Würzmischung über den Fischportionen verteilen. Lachssteaks mit dem Teig umhüllen und nebeneinander auf ein kalt abgespültes Backblech legen. Eigelb mit Sahne verrühren, Lachspäckchen damit bestreichen. Blech in den heißen Ofen (mittlere Schiene) schieben. Lachs etwa 20 Minuten backen, bis die Teighülle goldgelb gebräunt ist. Dazu schmeckt Blattspinat oder gemischter Salat.

Selbst um 1350, als in Europa Pest, schlechte Ernten und Hungersnöte ihren Tribut forderten, hat man sich um gutes Essen gekümmert: Das erste deutsche Kochbuch, das wir kennen, ist damals entstanden. Ein Beamter des Würzburger Fürstbischofs hat diese Sammlung von Kochrezepten aufschreiben lassen. Gedruckte Bücher gab es erst 100 Jahre später. Aus diesem „Buch von guter Speise" stammt die Idee für dieses Lachsrezept.

Rotbarsch-Schaschlik ungarisch

800 g Rotbarschfilet
2 EL Zitronensaft
Salz
Paprikapulver edelsüß
10 g fetter Räucherspeck
2–3 kleine Zwiebeln
1–2 Gewürzgurken
Bratfett

Fischfilet unter fließendem kalten Wasser abspülen, mit Küchenpapier trockentupfen und in Stücke von 4 bis 5 cm Durchmesser schneiden. Die Fischhappen mit Zitronensaft beträufeln. 20 Minuten ziehen lassen, dann salzen und mit Paprika bestreuen.
Speck, geschälte Zwiebeln und Gurken in Scheiben schneiden und abwechselnd mit den Fischhappen auf Spießchen stecken. In der Pfanne in heißem Fett von allen Seiten braun braten. Die Spießchen abtropfen lassen.
Gut passen dazu Kartoffelpüree und grüner Salat, als Getränk ein leichter Rotwein.

Seinen Namen hat der Rotbarsch von seiner leuchtend roten bis orangeroten Farbe, die übrigens seine gesamte Fischfamilie, die *Scorpaenidae*, kennzeichnet. An der Luft schlägt das Rot allerdings sehr schnell in Grau um. Das feste und mittelfette Rotbarschfleisch wird so meist schon an Bord der Fangschiffe filetiert und tiefgefroren.
Manche Rotbarsche werden bis zu 1 Meter lang, in der Regel aber um die 60 Zentimeter. Und dafür brauchen sie bereits 20 Jahre. Anders als die meisten anderen Fische bringen Rotbarsche lebende Junge, nicht nur Eier zur Welt. Außer dem Großen Rotbarsch gibt es noch den Kleinen Rotbarsch, der nur 30 Zentimeter lang wird. Im Gegensatz zu seinem größeren Vettern kann er also auch im Stück zubereitet werden.

Schwertfisch mit Pfeffersauce

4 Scheiben Schwertfisch à 200 g
Für die Marinade:
1 Knoblauchzehe
½ Bund Petersilie
2 EL Olivenöl
1 Glas trockener Weißwein
1 Lorbeerblatt
Salz
1 TL Pfefferkörner
1 EL Zitronensaft
Für die Sauce:
2 Knoblauchzehen
2 EL Olivenöl
2 Sardellenfilets
1 scharfe Pfefferschote (Peperoncino)
1 TL zerriebener Oregano
2 EL Zitronensaft
Salz
½ Bund Petersilie

Schwertfischscheiben unter fließendem kaltem Wasser abspülen und abtropfen lassen.
Für die Marinade: Den Knoblauch schälen und durchpressen oder sehr fein zerkleinern. Die Petersilie waschen, trockenschwenken und fein hacken. Beide Zutaten mit Olivenöl, Weißwein, Lorbeerblatt, Salz und Pfeffer sowie Zitronensaft zu einer Marinade mischen. Die Fischscheiben darin 2 Stunden ziehen lassen.
Für die Sauce: Knoblauch schälen, fein hacken und in der Pfanne im heißen Öl anbraten. Sardellen hacken, dazugeben und einige Minuten mitbraten. Die Pfefferschote putzen, entkernen und hacken, mit dem Oregano dazugeben und nochmals kurz erhitzen. Die Sauce mit Zitronensaft und Salz abschmecken. Den Backofengrill vorheizen. Die Fischscheiben aus der Marinade nehmen, mit Küchenpapier trockentupfen und unter dem vorgeheizten Grill auf jeder Seite etwa 5 bis 8 Minuten garen, je nach Dicke der Filets. Dabei mehrmals mit Marinade bestreichen.
Die Petersilie waschen, trockenschwenken und hacken. Den Fisch mit Sauce überzogen und mit Petersilie bestreut servieren. Dazu paßt Reis oder Kartoffelpüree, als Getränk leichter Rotwein oder ein etwas schwererer (italienischer) Weißwein.

Der in den wärmeren Zonen in allen Meeren verbreitete Schwertfisch erreicht durchschnittlich etwa 50 Kilogramm Körpergewicht. Im Ausnahmefall werden die Tiere mit dem ungeheuren Schwert, das fast ein Drittel der gesamten Körperlänge ausmacht, aber auch bis zu einer halben Tonne schwer und fast 5 Meter lang. Kein Wunder, daß der große Raubfisch als gefräßig gilt: Makrelen, Hornhechte und Heringe sind seine Hauptmahlzeiten. Stößt er auf einen Schwarm seiner Beute, schlägt er mit seinem Schwert schnell um sich. Die verwundeten und getöteten Tiere kann er dann in Ruhe verspeisen, denn er ist ein Einzelgänger. Bis in 600 Meter Tiefe erstreckt sich sein Jagdbereich. Und wenn er dicht unter der Wasseroberfläche jagt, kann man seine Rückenflosse mit der von einem Hai verwechseln.

Klippfischragout

600 g getrockneter und gesalzener Dorsch
200 ml Milch
300 g Zwiebeln
3 Knoblauchzehen
Salz
frisch gemahlener Pfeffer
1 EL Mehl
100 ml Olivenöl
20 g Butter
200 g Dosentomaten
1 Bund Petersilie
50 g geröstete Pinienkerne

Den getrockneten Fisch in Stücke schneiden. Mit kaltem Wasser zudecken und 2 bis 3 Tage einweichen, jeden Tag das Wasser erneuern. Nach dem Wässern den Fisch 2 bis 3 Stunden in Milch einlegen.
Die Zwiebeln und den Knoblauch schälen, fein zerkleinern, beiseite stellen. Den Fisch aus der Milch nehmen, mit Küchenpapier trockentupfen, mit Salz und Pfeffer würzen. Im Mehl wenden und in Olivenöl und Butter goldgelb braten. Zwiebeln und Knoblauch zufügen und kurz mitdünsten. Die Dosentomaten dazugeben und das Ganze zugedeckt etwa 15 Minuten schmoren lassen.
Die Petersilie waschen, trockenschwenken, hacken, daruntermischen. Noch einmal abschmecken, auf einer Platte anrichten und mit gerösteten Pinienkernen garnieren.
Dazu paßt ausgezeichnet eine Polenta.

Junger, noch nicht geschlechtsreifer Kabeljau wird Dorsch genannt. Zwei Methoden sind altbewährt und in Skandinavien noch weit verbreitet, ihn für lange Zeit haltbar zu machen: Gleich nach dem Anlegen der Boote werden die Fische ausgenommen, paarweise an den Schwänzen zusammengebunden und ungesalzen auf langen Holzgestellen getrocknet. Mehr Konservierung durch Salzen, weniger durch Trocknen erfährt der Klippfisch – wie es der Name besagt, liegen die ausgenommenen Fische dazu einige Zeit auf den Klippen.
Beide Arten Dauerkonserven erfuhren schon durch die weiten Reisen der Wikinger Verbreitung bis an die südeuropäischen Küsten. So sind Stock- und Klippfisch bis heute dort und auch im Tessin, woher dieses Rezept mit dem Namen *Merluzzo in umido* stammt, Spezialitäten geblieben. Zudem handelt es sich im südlichsten Schweizer Kanton um eine traditionelle Fastenspeise. Die ältesten Rezepte wurden aus Klöstern überliefert. Lassen Sie sich für dieses Gericht Zeit, denn vor der Zubereitung ist es wichtig, den Fisch gründlich zu wässern.

OE

Fischpudding

Fischklößchen mit Krebsbuttersauce

Für den Fischpudding (Foto):

- 1 kg küchenfertiges Fischfilet
- (Kabeljau, Hecht, Schellfisch, Dorsch)
- ⅛ Liter süße Sahne
- 1 Ei
- 50 g Butter
- ½–1 Bund Dill
- 3 EL Kartoffelmehl
- Salz, Pfeffer
- einige Tropfen Worcestershiresauce
- Butter für die Form
- 2 EL Paniermehl

Die Fischfilets mit Sahne und Ei im elektrischen Mixer zerkleinern. Die Butter schmelzen, den Dill waschen, trockenschwenken, einige Stengel für die Garnitur beiseite legen. 3 Eßlöffel Dill hacken, mit der Butter und dem Kartoffelmehl zur Fischmasse geben. Mit Salz, Pfeffer und Worcestershiresauce würzen. Eine Puddingform ausbuttern, mit Paniermehl ausstreuen und die Fischmasse einfüllen. Ersatzweise kann man auch eine feuerfeste Form nehmen, die dann mit Aluminiumfolie abgedeckt werden muß. Die Form im Wasserbad im Backofen bei mittlerer Hitze etwa 1 bis 1½ Stunden garen. Das Wasser darf nur sieden, auf keinen Fall sprudelnd kochen.
Die Garprobe mit einem Spieß oder einer Stricknadel machen. Wenn nichts haften bleibt, ist der Pudding gar. Vor dem Stürzen einige Minuten stehen lassen. Mit Dillzweigen garnieren. Dazu paßt eine Krabbensauce.

Für die Fischklößchen mit Krebsbuttersauce:

- 500 g Seefische
- Salz, Pfeffer
- 1 kleine Zwiebel
- 45 g Mehl, 3 Eiweiß
- ¾ Liter süße Sahne oder 750 g Crème fraîche
- 100 g Butter
- Für die Sauce: 50 g Butter
- 40 g Mehl
- 4 EL süße Sahne
- Salz
- 2 EL Krebsbutter
- 200 g Krebsschwänze
- Petersilie nach Belieben

Fischfleisch entgräten, die Haut entfernen und in Stücke schneiden oder Filets verwenden. Durch den Fleischwolf drehen. Die Fischmasse mit Salz und Pfeffer würzen. Die Zwiebel schälen und sehr fein hacken, zur Fischmasse mischen, mit Mehl und Eiweiß durchrühren und 30 Minuten kühl stellen.
Die gekühlte Masse mit Sahne oder Crème fraîche zu einer gleichmäßigen Farce verarbeiten und mit der schaumig gerührten Butter vermengen. Mit einem Eßlöffel Klöße ausstechen und in kochendem Salzwasser gar ziehen lassen, dazu Probeklöße herausnehmen.
Für die Sauce: Butter erhitzen, Mehl darin leicht anschwitzen lassen, mit etwas Kochsud ablöschen, Sahne unterziehen, salzen und die Krebsbutter hinzufügen. In die fertige Sauce Krebsschwänze einlegen. Die abgetropften Fischklöße in die Sauce geben und noch einmal kurz erhitzen. Mit Petersilie garnieren und sofort servieren.

Paella

Zutaten für 4 bis 6 Personen:

1 küchenfertige Poularde von etwa 1,2 kg
200 g küchenfertige Tintenfischstücke (*Calamares*)
12 mittelgroße küchenfertige Garnelen (*Gambas*)
150 g grüne Bohnen
8 EL Olivenöl
250 g Rundkornreis
2 Lorbeerblätter
1 Liter Hühnerbrühe (Instant)
2 Tütchen Safran
Salz
1 Knoblauchknolle
1 große rote Paprikaschote
150 g frische oder tiefgekühlte Erbsen
18 geschlossene Pfahl- oder Miesmuscheln
1 große Fleischtomate
1 unbehandelte Zitrone

Die Poularde abspülen, mit Küchenpapier abtrocknen und in 8 Teile schneiden. Die Tintenfische und die Garnelen in ein Sieb geben, abspülen und abtropfen lassen. Die Bohnen waschen, putzen und in Stückchen schneiden. In einer großen ofenfesten Pfanne das Öl stark erhitzen. Die Poulardenstücke darin anbraten, mit der Schaumkelle herausheben und beiseite stellen. Nacheinander die Tintenfischstücke und Garnelen je 1 Minute im heißen Öl anbraten und herausnehmen. Die Geflügelteile zurück in das Öl legen, den Reis und die Lorbeerblätter mit den Bohnen untermischen und unter Wenden kurz anbraten. Die Hälfte der Hühnerbrühe zugießen, auf sanfte Hitze schalten. Den Safran mit etwas Hühnerbrühe einweichen und in die Pfanne rühren. 1 knappen Teelöffel Salz über das Gericht streuen. Die Knoblauchknolle abspülen, putzen und in die Mitte vom Reis setzen. Alles 10 Minuten leicht köcheln lassen und zwischendurch umrühren. Weitere Brühe zugießen, so wie der Reis sie aufnimmt. Den Backofen auf 175 °C (Gas Stufe 2) vorheizen.
Die Paprikaschote vierteln, putzen, waschen und in 1 cm breite Streifen schneiden. Paprika und Erbsen unter den Reis mischen. Nach Bedarf noch weitere Brühe hinzugeben und garen, bis der Reis fast weich ist. Tintenfisch und Garnelen unterheben. Muscheln gründlich waschen, mit der Schere die sogenannten Bärte abschneiden. Muscheln über dem Reis verteilen. Die Tomate überbrühen, schälen, Tomatenfleisch in Streifen schneiden und damit die Paella hübsch belegen.
Die Pfanne mit Alufolie abdecken und 10 Minuten in die Backofenmitte schieben, bis sich die Muscheln geöffnet haben. Alufolie abnehmen und die Paella ausdampfen lassen. Die Zitrone waschen, abtrocknen, achteln und vor dem Servieren die Paella damit garnieren.

Die Paella wird in Spanien mit Vorliebe über offenem Feuer zubereitet, meist vom Familienoberhaupt, denn eine richtige Paella ist hier Männersache. Sie ist in der Region Valencia zu Hause. Ein Versuch, die Zutaten zu reglementieren, scheiterte zum Glück, und so wird das Gericht nie langweilig. Nach Belieben läßt es sich mit angebratenen Schweinefilet- und/oder mit fest garenden Fischstückchen bereichern.

Gefüllte Muscheln

Zutaten für 6 Personen:
- 2 kg Miesmuscheln
- ¼ Liter Weißwein
- 1 große Scheibe Weißbrot
- 200 ml Milch
- 1 Zwiebel
- 1 Knoblauchzehe
- einige Stengel Petersilie
- 100 g gehacktes Geflügelfleisch
- Salz
- frisch gemahlener schwarzer Pfeffer
- 1 EL gemischte Kräuter (Rosmarin, Basilikum, Kerbel, Bohnenkraut, Majoran, Salbei, Thymian, Fenchel)

Für die Sauce:
- 500 g reife Tomaten
- 120 g Zwiebeln
- 2 EL Olivenöl
- 2 Knoblauchzehen
- 2 Lorbeerblätter
- ½ TL gehackter Thymian
- 2 EL Tomatenmark
- 100 ml Muschelsud
- 50 ml Weißwein
- 1 Prise Safran
- Salz, Pfeffer

Die Muscheln unter fließendem Wasser gut abbürsten. Den sogenannten Bärte mit daranhängendem Schlamm aus dem Inneren herausziehen. Nochmals kalt abspülen. Geputzte Muscheln mit Weißwein in eine große Pfanne geben und aufkochen. Bei kleiner Hitze zugedeckt kochen, bis die Muscheln sich öffnen, das dauert etwa 5 Minuten. Ungeöffnete Miesmuscheln wegwerfen. Muschelsud aufbewahren. Brot zerkleinern, in der erhitzten Milch einweichen und durchpassieren.

Zwiebel und Knoblauch schälen, Zwiebel hacken, Knoblauch sehr fein zerkleinern oder durchpressen. Petersilie waschen und hacken, mit Zwiebel, Knoblauch, Brot und Fleisch gut mischen, mit Salz, Pfeffer und den gemischten Kräutern würzen. Jede Muschel mit dieser Masse füllen und mit einer dünnen Schnur zubinden, damit sie sich beim Kochen nicht mehr öffnen kann.

Für die Sauce: Tomaten mit kochendem Wasser überbrühen, schälen und kleinschneiden. Die Zwiebeln schälen und hacken, in Olivenöl 2 bis 3 Minuten glasig dünsten. Den Knoblauch schälen und durchpressen oder sehr fein zerkleinern, zusammen mit den Tomaten, Lorbeerblättern, mit Thymian und Tomatenmark zu den Zwiebeln geben und 1 Stunde leicht schmoren, bis ein dickes Mus entsteht. Die Sauce passieren und mit wenig Muschelsud verdünnen. Wein, Safran, Salz und Pfeffer zugeben. Etwas einkochen lassen. Den Backofen auf 180 °C (Gas Stufe 2–3) vorheizen.

Gefüllte Muscheln in eine feuerfeste Form legen, mit der Sauce übergießen und 20 Minuten im vorgeheizten Ofen erwärmen, dabei mit Folie abdecken. Vor dem Servieren die Schnürchen entfernen.

LA BLAQU
Coteaux de Pierre
Poivre

Gegrillte Langustinen mit Basilikumbutter

8 große Langustinen (Kaisergranat)
oder 4 kleine Langusten
1 kg grobes Meersalz
2 EL Basilikum
100 ml kaltgepreßtes Olivenöl
oder 50 ml Olivenöl und 50 g Butter
Salz
frisch gemahlener Pfeffer

Langustinen roh halbieren. Bei Verwendung von lebenden Langusten diese ganz kurz mit dem Kopf voran in kochendes Salzwasser tauchen. Sofort wieder herausnehmen und samt Kruste längs halbieren. Darminhalt entfernen, aber den Rogen belassen.

Ein Kuchenblech mit dem Meersalz bestreuen. Den Grill im Backofen auf 200 °C schalten und das Blech mit dem Salz auf der mittleren Schiene vorheizen.

Basilikum waschen, hacken und mit dem Olivenöl mischen. Bei Verwendung von Butter diese in einer kleinen Pfanne mit dem gehackten Basilikum erwärmen, bis sie flüssig wird. Etwas erkalten lassen, dann Olivenöl dazumischen.

Die Schnittflächen der Langustinen mit Salz und Pfeffer bestreichen. Wenn das Salz im Ofen heiß ist, Langustinen mit der Kruste nach unten darauflegen, Fleisch soll nicht mit dem Salz in Berührung kommen. Auf der obersten Schiene unter den Heizstäben 4 Minuten bei 200 °C garen. Mehrmals mit Öl oder Butter-Öl-Mischung bestreichen. Anrichten und restliches Öl oder Butter-Öl darüberträufeln.

Diese schonende Art, delikate Krustentiere zu grillen, findet sich in Spitzenrestaurants in der Provence. Dabei nimmt man, was gerade zu haben ist: Langustinen oder Langusten, auf daß sie zu *Langoustines au beurre de basilic* werden.

Man kann aber auch auf Abwandlungen stoßen: Manchmal wird dem Öl oder der Butter etwas durchgepreßter Knoblauch zugefügt. Basilikum kann auch durch eine Kräutermischung ersetzt werden.

Husumer Krabbenragout
Krabbenkugeln

Für das Husumer Krabbenragout (Foto):

- 12 kleine Tomaten
- 1 große Zwiebel
- 1 TL Butter
- 1 Stück Knollensellerie
- 1 Knoblauchzehe
- ½ TL getrockneter Thymian
- 1 Bund Petersilie
- 1 Lorbeerblatt
- Salz, schwarzer Pfeffer
- etwa 1 Messerspitze Cayennepfeffer
- 500 g Nordseekrabbenfleisch

Die Stielansätze der Tomaten herausschneiden. Die Tomaten mit kochendem Wasser überbrühen, schälen und im eigenen Saft in einer Pfanne andünsten. Die Zwiebel schälen, fein hacken und in einer zweiten Pfanne in der Butter goldgelb andünsten. Die Tomaten dazugeben und schmoren lassen.

Den Sellerie putzen, fein hacken, den Knoblauch schälen und zerdrücken oder sehr fein zerkleinern, die Petersilie waschen, trockenschwenken und hacken, das Lorbeerblatt zerbröseln. Zutaten zusammen mit dem Thymian in die Pfanne geben. Mit Salz, Pfeffer und Cayennepfeffer abschmecken. Die Krabben dazugeben und alles etwa 10 Minuten bei geringer Hitze gar ziehen lassen.

Als Beilage paßt Reis, dazu ein kühles Pils.

Für die Krabbenkugeln:

- 400 g Krabbenfleisch, frisch oder tiefgefroren
- 100 g durchwachsenes Schweinefleisch
- 1 Knoblauchzehe
- 2 TL Speisestärke
- 1 TL Salz
- frisch gemahlener Pfeffer
- 1 TL Reiswein oder trockener Sherry
- 2 Eiweiß
- Paniermehl
- Erdnuß- oder Maisöl zum Fritieren

Krabbenfleisch und Schweinefleisch sehr fein hacken oder durch den Fleischwolf drehen. Knoblauch schälen und zerdrücken und mit der Fleisch-Krabben-Masse, der Stärke, mit Salz, Pfeffer, Reiswein oder Sherry und Eiweiß gut vermischen. Im Kühlschrank 30 Minuten durchziehen lassen.

Danach aus jeweils 1 Eßlöffel der Mischung Kügelchen formen, am besten mit feuchten Händen. Die Kugeln in Paniermehl wenden, so daß sie rundum bedeckt sind.

Öl zum Fritieren in einem Wok oder Fritiertopf erhitzen, nicht zu heiß werden lassen. Kugeln etwa 2 Minuten fritieren, bis sie goldgelb sind. Kugeln müssen genügend Platz haben, deshalb eventuell in mehreren Portionen fritieren. Herausnehmen und abtropfen lassen. Öl erneut erhitzen und nochmals 1 Minute fritieren, bis die Kugeln goldbraun sind. Herausnehmen und abtropfen lassen. Mit hineingesteckten Cocktailspießchen servieren.

Karibischer Reis

1 Zwiebel
2 Knoblauchzehen
2 Frühlingszwiebeln
1 rote Chilischote
300 g Garnelen
300 g Geflügelfleisch
1 Mango
1 kleine frische Ananas
6 EL Öl
Salz
frisch gemahlener weißer Pfeffer
1 Messerspitze Cayennepfeffer
400 g Langkornreis
etwa 1 Liter Geflügelbrühe
50 g geröstete Cashewnüsse

Zwiebel und Knoblauch schälen, Zwiebel fein schneiden, Knoblauch zerdrücken oder sehr fein zerkleinern. Die Frühlingszwiebeln putzen und in schmale Ringe schneiden. Die Chilischote aufschneiden, entkernen und in Stücke schneiden. Die Garnelen säubern und vom Darm befreien, das Geflügelfleisch in feine Streifen schneiden.

Die Mango schälen, Stein herauslösen, die Ananas schälen, beide Früchte in kleine Würfel schneiden.

Die Hälfte des Öls in einem breiten Topf erhitzen. Die Zwiebel darin andünsten und die Chilischote 1 weitere Minute mitdünsten lassen. Das Fleisch hinzufügen und kurz weiterbraten. Mit Salz, Pfeffer und Cayennepfeffer würzen. Knoblauch und Reis dazugeben und den Reis glasig schwitzen.

Die Geflügelbrühe angießen, einmal gut durchrühren und zugedeckt bei geringer Hitze etwa 18 Minuten garen lassen. Inzwischen das restliche Öl erhitzen und die Garnelen mit den Frühlingszwiebeln etwa 3 Minuten anbraten. Zu dem Reis geben. Die Mango- und Ananasstücke hinzufügen und abschmecken. Mit Cashewnüssen bestreut servieren.

Die karibische Küche wird von den verschiedensten Einflüssen belebt. Unschwer lassen sich französische, spanische und afrikanische Elemente darin entdecken. Das ist es, was sie so schillernd-bunt, zugleich fruchtig und doch wieder scharf und würzig macht. Sie müssen zu diesem Gericht nicht unbedingt einen Rum reichen. Longdrinks mit Früchten wie Ananas, Mango oder Kokosnuß sind beliebte und erfrischende Getränke, die stets passen.

Die Rezepte alphabetisch

Soweit in den Rezepten nichts anderes angegeben ist, sind die Zutaten für vier Personen berechnet.

Die Rezepte nach Gruppen

Suppen, kleine Gerichte und kalte Küche

Fisch mit Gemüse

Aus Teichen und Flüssen

Seefisch und Meeresfrüchte

Bildquellen

Focus: Action-Plus 2
Sigloch Bildarchiv: Hans Joachim Döbbelin 4 sowie alle Rezeptfotos auf den ungeraden Seiten 11 bis 91
Visum: Gebhard Krewitt 7; Tim Rautert 9; Dirk Reinartz 8

Redaktionelle Bearbeitung: Friedhelm Messow

Reproduktion: Otterbach Repro, Rastatt
Satz: Sigloch Edition, Künzelsau
Druck: Druckerei Kohlhammer, Stuttgart
Papier: 135 g/m² nopaCoat glänzend chlorfrei der Nordland Papier AG, Dörpen
Bindearbeiten: Sigloch Buchbinderei, Künzelsau
ISBN 3-89393-138-4

Reihenweise kulinarische Köstlichkeiten

In gleicher Ausstattung sind weitere Titel lieferbar.